AF466321

LA

SOUSCRIPTION BAUDIN

PLAIDOIRIES

DE

MM. DUFAURE & J.-J. WEISS

75 CENTIMES

PARIS

ARMAND LE CHEVALIER, ÉDITEUR

61, RUE DE RICHELIEU, 61

1868

LA SOUSCRIPTION BAUDIN

Plaidoiries de MM. DUFAURE et J.-J. WEISS

TRIBUNAL CORRECTIONNEL DE LA SEINE

(6e Chambre)

Présidence de M. Vivien.

Audience du 27 *novembre* 1868

MANŒUVRES A L'INTÉRIEUR DANS LE BUT DE TROUBLER LA PAIX PUBLIQUE ET D'EXCITER AU MÉPRIS ET A LA HAINE DU GOUVERNEMENT. — POURSUITE CONTRE CINQ JOURNAUX DE PARIS.

M. Jean-Alphonse Peyrat, gérant de l'*Avenir national;*
M. Charles Delescluze, gérant du *Réveil;*
M. Jules-Emmanuel-Théodore Duret, gérant de la *Tribune*;
M. Adrien-François Hébrard, gérant du *Temps;*
M. Jean-Jacques Weiss, gérant du *Journal de Paris:*

Sont traduits devant le tribunal sous la prévention d'avoir, à Paris, en novembre 1868, et depuis le 3 novembre, pratiqué des manœuvres à l'intérieur dans le but de troubler la paix publique et d'exciter au mépris et à la haine du gouvernement, délit prévu par l'article 2 de la loi du 27 février 1858.

M. l'avocat impérial Aulois occupe le siége du ministère public.

Les défenseurs des prévenus sont :

Me Arago, pour M. Peyrat; Me Emile Durier, pour M. Duret, et Me Dufaure, pour M. Hébrard.

Après la constatation de l'identité des prévenus, M. le président procède à leur interrogatoire.

M. LE PRÉSIDENT. — Vous êtes tous prévenus d'avoir pratiqué des manœuvres à l'intérieur, dans le but d'exciter à la haine et au mépris du gouvernement. Monsieur Delescluze, reconnaissez-vous avoir publié dans votre journal *le Réveil*, numéro du 12 novembre, une souscription.

M. DELESCLUZE. — Une liste de souscription.

M. LE PRÉSIDENT. — Accompagnée de divers documents qui se terminent par l'annonce d'une souscription pour élever un monument à la mémoire de Baudin, annonce qui est suivie de la quatrième liste et du total de la souscription?

M. DELESCLUZE. — Je reconnais l'exactitude de tous ces faits.

M. LE PRÉSIDENT. — Monsieur Peyrat, vous aussi, dans le numéro de votre journal du 13 novembre, vous avez annoncé une souscription et publié la septième liste de l'*Avenir national* en donnant le chiffre total de 11,660 francs. Cette publication est précédée de documents divers ayant trait à la souscription.

M. PEYRAT. — Tout cela est très-vrai.

M. LE PRÉSIDENT. — Monsieur Duret, dans le numéro du 15 novembre de la *Tribune*, vous avez publié une liste de souscription.

M. DURET. — Que j'ai prise dans le *Siècle*, dans son numéro du 13 novembre, sans y faire aucun changement. Cette publication dans le *Siècle* n'ayant donné lieu à aucune poursuite, je me suis cru en droit de la reproduire.

M. LE PRÉSIDENT. — Ce sera votre défense. Cette liste est suivie de documents.

M. DURET. — Quelques lignes seulement.

M. LE PRÉSIDENT. — M. Hébrard, le 16 novembre vous avez publié dans le *Temps* un article dans lequel vous annoncez que les six listes s'élevaient à un total de 6,000 et quelques cents francs; vous avez annoncé en même temps la publication de la septième liste et la clôture de la souscription pour le 18 novembre.

M. HÉBRARD. — Je reconnais tous ces faits comme exacts.

M. LE PRÉSIDENT. — Monsieur Weiss, dans le *Journal de Paris*, numéro du 18 novembre, vous avez publié des listes?

M. WEISS. — Je suis inculpé de manœuvres pratiquées dans le but de troubler la paix publique et....

M. LE PRÉSIDENT. — Le moment n'est pas venu de discuter la prévention ; je ne parle que des faits matériels relevés contre vous, et je vous demande si vous les reconnaissez ou si vous les niez. Quand vous aurez entendu le réquisitoire de M. l'avocat impérial, vous y répondrez.

M. WEISS. — Mon observation a une très-grande importance pour ma défense. La prévention dirigée contre moi a changé de l'instruction à l'assignation. D'après l'ordonnance de renvoi, je suis cité pour un seul numéro de mon journal qu'on m'a représenté et que j'ai reconnu, le numéro du 18 novembre, et dans l'assignation, je suis prévenu d'avoir, dès le 9 novembre, pratiqué des manœuvres dans le but de troubler la paix publique et d'exciter à la haine et au mépris du gouvernement. On me poursuit donc pour des faits antérieurs et sur lesquels je n'ai pas été interrogé. La distinction que j'établis a une très-grande importance, je la pose très-directement, et je désire qu'il y soit répondu.

M. LE PRÉSIDENT. — Je vais vous expliquer la marche qui a été suivie. Le 10 novembre, vous avez annoncé une souscription, et le 18 vous avez publié des listes ; ces deux faits se lient nécessairement entre eux, et la prévention a dû les réunir.

M. WEISS. — Alors je suis inculpé pour des faits remontant au 10 novembre.

M. LE PRÉSIDENT. — Et aussi sur tous les faits même antérieurs au 10 novembre qui pourraient s'y rattacher. En un mot, selon la prévention, le fait d'avoir annoncé la souscription et publié des listes constitue le délit qui vous est imputé.

M. WEISS. — Je suis pris au dépourvu ; je ne me rends pas bien compte des raisons de la prévention. Pourrais-je avoir communication du dossier?

M. LE PRÉSIDENT. — Assurément.

M. L'AVOCAT IMPÉRIAL. — Il est à votre disposition.

L'audience est suspendue et reprise quelques instants après.

M. LE PRÉSIDENT. — Nous recommandons à l'assistance le silence le plus absolu. M. Weiss, avez-vous une observation à présenter?

M. WEISS. — Je demande au tribunal la permission de présenter une observation que je crois très-importante pour ma défense : on a fait disparaître du dossier une pièce.

M. LE PRÉSIDENT. — Il vaudrait peut-être mieux attendre le réquisitoire de M. l'avocat impérial ; vous avez sans doute un défenseur?

M. WEISS. — Il est absent.

M. LE PRÉSIDENT. — Donnez alors vos explications.

M. WEISS. — M. Paul Andral était mon défenseur. Il a été rappelé hier soir auprès de M. Berryer. Il me restait deux partis à prendre : ou bien demander au tribunal une remise à huitaine, ce que le tribunal aurait pu juger inopportun, ou faire défaut, et je n'ai pas cru devoir le faire.

M. LE PRÉSIDENT. — Vous feriez peut-être mieux d'attendre ce que le ministère public vous oppose.

M. WEISS. — Il manque au dossier une pièce qui y était, on l'en a fait disparaître; elle contenait des imputations anonymes auxquelles je dois répondre.

M. L'AVOCAT IMPÉRIAL. — De quelle pièce voulez-vous parler? Aucune pièce n'a disparu du dossier.

M. WEISS. — Cette pièce m'accuse...

M. LE PRÉSIDENT. — Si cette pièce était au dossier, elle doit y être encore.

M. L'AVOCAT IMPÉRIAL. — Il est vrai que j'ai vu une note de ce genre au dossier, je ne sais où elle est en ce moment, cela se comprend au milieu de tant de pièces ; mais elle se retrouvera et ne peut être égarée.

Me ARAGO. — C'est ce qu'on appelle, si je ne me trompe, une note de police ; j'en ai signalé l'existence à M. Weiss, afin qu'il puisse se défendre des imputations qu'elle contient, parce qu'il est possible que l'on s'en serve.

M. LE PRÉSIDENT. — Je ne peux pas vous dire ce que fera M. l'avocat impérial. S'il croit devoir faire usage de la pièce, vous répondrez.

Me ARAGO. — Il est fort possible que M. l'avocat impérial ne fasse pas usage des renseignements que contient cette note, mais il est important de signaler ici un abus, et il serait possible que malgré le silence de M. l'avocat impérial à cet égard, la pièce soit placée sous les yeux du tribunal dans la chambre du conseil. Or, il est important qu'il n'y ait pas en dehors des débats des pièces auxquelles les inculpés ne pourraient répondre : c'est l'abus de ce qu'on appelle les notes de police.

M. LE PRÉSIDENT. — Si M. l'avocat impérial fait usage de ces pièces, vous répondrez, sinon elle sera retirée du dossier. L'incident est vidé.

Me DURIER. — M. Duret, gérant du journal *la Tribune*, a fait citer un témoin, M. Pelletan; je prie le tribunal de vouloir bien l'entendre.

M. PELLETAN. — J'ai besoin d'éclaircir un fait qui m'a paru obscur dans le réquisitoire de M. l'avocat impérial.

M. L'AVOCAT IMPÉRIAL. — Je ne sache pas que mon réquisitoire puisse être soumis dans cette enceinte aux critiques de M. Pelletan.

M. LE PRÉSIDENT. — Avez-vous, monsieur Pelletan, à fournir des renseignements sur l'affaire elle-même?

M. PELLETAN. — Oui, monsieur le président. On nous accuse, au tribunal, — je dis nous parce que c'est un peu moi qui suis le véritable auteur du prétendu délit, puisque c'est par mon conseil et sous ma direction que la souscription a été ouverte dans ce journal, — on nous accuse, dis-je, d'une manœuvre qui, commencée au cimetière Montmartre, s'est continuée par les souscriptions ouvertes dans le journal le *Réveil* et dans l'*Avenir national*, et s'est répercutée dans un grand nombre de journaux de Paris et des départements. Ce que j'affirme ici, c'est qu'aucun rédacteur du journal la *Tribune* n'est allé au cimetière Montmartre. Condamné depuis deux mois à garder la chambre, je ne m'y suis pas rendu non plus. J'ajoute que, quelque honoré qu'on soit de connaître un homme de cœur et de talent tel que M. Delescluze, je ne le connais pas. Quant à M. Peyrat, pour ma part, ce que je lui ai reproché, c'est de ne m'avoir pas averti qu'il ouvrait cette souscription.

M. LE PRÉSIDENT. — Je comprends que, comme directeur politique du journal la *Tribune*, vous teniez ce langage; mais c'est là de la discussion. Avez-vous à déposer sur un fait?

M. PELLETAN. — Je veux démontrer qu'il n'y a pas eu d'entente; permettez-moi d'ajouter une chose : ce n'est pas pour surprendre votre indulgence que je viens ici, car je suis le principal coupable; le monde moral a croulé pour moi le 2 décembre...

M. LE PRÉSIDENT. — Je vous arrête ici; vous n'avez à déposer d'aucun fait spécial... La parole est à M. l'avocat impérial.

M. AULOIS, substitut de M. le procureur impérial, s'exprime ainsi :

Messieurs,

Les actes qui vous sont aujourd'hui déférés ne sont que la continuation ou la répétition de ceux sur lesquels vous avez statué le 14 de ce mois. Il n'est donc aucun élément de la poursuite que vous ne connaissiez et dont vous n'ayez déjà apprécié le mérite. Bien que je doive évidemment, dans de telles conditions, me borner aux développements les plus rigoureusement nécessaires, je ne crois pas pouvoir, cependant, m'abstenir de rappeler quelques-uns des faits précédemment examinés; non certes que je craigne que vous en ayez perdu le souvenir, mais parce qu'il me semble indispensable de déterminer soigneusement, en présence d'adversaires nouveaux, le terrain sur lequel la prévention s'est toujours placée et qu'elle entend encore conserver aujourd'hui. Je serai, du reste, très-bref.

Le 30 octobre dernier, vous vous le rappelez, le journal démocratique *le Réveil*, par une note des plus transparentes, invite ses amis à se réunir, le 2 novembre, jour des Morts, sur la tombe de Godefroy Cavaignac et de Baudin.

Son appel est compris : un rassemblement considérable a lieu, à une heure indiquée, autour de la sépulture de ce dernier. Un rédacteur du *Réveil*, dont le nom circule dans les groupes, va prononcer le premier un discours, à la suite duquel se font entendre les cris : « Vive la liberté! Vive la République! » D'autres orateurs parlent ensuite; leurs paroles renferment des outrages et des menaces à l'adresse du gouvernement; elles sont accueillies par les mêmes exclamations. L'un d'eux fait allusion à un combat dans lequel le nom de Baudin doit servir de stimulant; on lui répond de divers côtés : « Ce ne sera pas long! ça ne passera pas 1868 ou 1869! » Un autre propose enfin aux assistants de revenir au même endroit le 3 décembre, anniversaire de la mort de Baudin. Cette motion est acceptée, et on se sépare en se rappelant ce rendez-vous et en se promettant d'y être fidèle.

Cette manifestation, que des journaux qualifient d'imposante, de significative, entre, dès les jours suivants, dans une nouvelle phase. Le *Réveil*, dans le but évident d'entretenir jusqu'au 3 décembre l'agitation qu'elle a produite, imagine de la perpétuer en ouvrant une souscription pour l'érection d'un mausolée à Baudin. Mais le *Réveil* n'est pas dans les conditions de publicité à pouvoir lancer utilement cette idée : l'*Avenir national* se l'approprie, il annonce l'ouverture de la souscription, invite les journaux de province à imiter son exemple, puis publie les listes des souscripteurs, non-seulement les siennes, mais celles du *Réveil*, celles de diverses feuilles de Paris ou des départements, et signale les résultats obtenus en imprimant en caractères d'une grosseur exceptionnelle les chiffres totaux de chacune de ces listes.

D'autres journaux de Paris s'engagent successivement dans la voie ainsi ouverte, la *Tribune*, puis la *Revue politique*, qui caractérise le but de la souscription en ces termes : « ... Tous les amis de la liberté doivent honorer la mémoire de Baudin et saluer avec joie ce présage d'une réparation prochaine et complète que l'honneur de la France exige!... »

Bientôt des poursuites sont dirigées contre les auteurs de ces publications. L'*Avenir national* est l'objet de saisies répétées, une instruction est ouverte. C'est alors qu'on voit le *Temps* et le *Journal de Paris*, comme des troupes fraiches, se lancer au secours de l'idée qui périclite et dont la réalisation est compromise.

Le *Temps*, il est vrai, a, dès le 5, annoncé la souscription ouverte par le *Réveil* et l'*Avenir national*, mais timidement, prudemment, sans se mettre personnellement en cause, avec le désir évident de s'attribuer un rôle effacé et passif. Voici, du reste, comment il s'exprime :

« Avant-hier, un grand nombre de couronnes ont été déposées au cimetière Montmartre, sur la tombe de Baudin, représentant du peuple, dont on connaît la mort héroïque (3 décembre 1851).

« L'*Avenir national* et le *Réveil* ouvrent simultanément une souscription ayant pour objet d'élever un monument à Baudin. Nous transmettrons volontiers à nos confrères les souscriptions qui nous seront adressées par nos lecteurs.

» Le secrétaire de la rédaction, Ch. DU BOUZET. »

Mais le 9, l'information est terminée; l'*Avenir national*, le *Réveil*, d'autres prévenus sont cités devant vous; il faut, dans l'intérêt commun, que la souscription ne tombe pas devant les poursuites; il faut, au contraire, réagir par un redoublement d'efforts contre l'influence qu'elles peuvent exercer sur l'esprit public. Alors, le 10, le *Temps* intervient activement en publiant l'article que voici :

« A la suite des saisies pratiquées dans les bureaux de l'*Avenir national*, le bruit se répand que l'administration prétend interdire le fait pur et simple de concourir à la souscription ayant pour objet d'élever un monument à la mémoire de Baudin.

« Une telle prétention constituerait une atteinte à la loi, patrimoine de tous les citoyens, et elle imposerait à tous la protestation comme un devoir. Nous n'ajoutons aucune foi à des pareils bruits et nous en donnons immédiatement la preuve en ouvrant une souscription dans les bureaux du *Temps*.

« HÉBRARD. »

A la suite figure une première liste de souscripteurs.

Les numéros du 11, du 12 et du 13 contiennent des documents semblables. Le 14 intervient votre décision.

La publication des listes du *Temps* n'en continue pas moins jusqu'au numéro du 16, qui est enfin saisi en vertu d'une ordonnance de M. le juge d'instruction.

Voilà, messieurs, la part qui revient au journal le *Temps*.

La marche suivie par le *Journal de Paris* est à peu près identique.

Dès le 4 novembre, on lit dans cette feuille un article fort détaillé sur les événements dont le cimetière Montmartre vient d'être le théâtre : on sent aisément au soin avec lequel tous les incidents en sont rapportés, que l'écrivain était acteur dans cette manifestation, et que le journal lui-même ne la voit pas d'un œil indifférent. Cependant, jusqu'au 9 novembre, jour de l'assignation lancée par le parquet, le *Journal de Paris* reste étranger à la souscription ; c'est tout à fait incidemment qu'il la mentionne et sans témoigner d'aucun désir de s'y associer. C'est seulement à cette date du 9 que le *Journal de Paris* se déclare et fait son pronunciamento dans les termes suivants :

« L'*Avenir national* et le *Réveil* ont ouvert, il y a trois ou quatre jours, une souscription publique dont l'objet est d'élever un monument sur la place où reposent les restes du représentant Baudin, tué le 3 décembre 1851, dans l'exercice et pour la défense de son mandat de représentant du peuple français.

« Plusieurs de nos amis nous ayant témoigné le désir de s'associer dans nos colonnes à l'œuvre dont ces deux journaux ont pris l'initiative, le *Journal de Paris* recevra, à partir de demain 9 novembre, pour les transmettre à qui de droit, les souscriptions qu'on voudra bien lui adresser.

« Le représentant Baudin est mort, selon la belle et simple expression des temps antiques, pour la patrie et pour la liberté. De la part du *Journal de Paris*, de la part de tous ceux qui pensent et sentent comme lui, l'hommage public qui sera rendu à la mémoire du représentant Baudin n'est et ne peut être qu'un hommage rendu à la liberté et à la patrie, dans la personne de l'héroïque citoyen qui a voulu mourir pour elle.

« Le *Journal de Paris* s'inscrit pour 100 francs.

« *Signé* : Le directeur-gérant, J.-J. Weiss. »

Le 11, le 12, des listes de souscriptions sont publiées : on y joint, le 12, l'indication des journaux de Paris et des départements qui sont également entrés dans le mouvement. Enfin, le 15, alors que votre décision est connue, le *Journal de Paris* se prépare une retraite honorable en fixant au surlendemain 17, la clôture de la souscription ouverte dans ses bureaux. Epargné jusqu'à ce moment par les saisies, il comptait ainsi conjurer encore les poursuites, tout en conservant une attitude suffisamment indépendante et résolue. Voici cette déclaration, dont il vous sera assurément parlé dans le cours du débat :

« La souscription que nous avons ouverte le 8 novembre dans nos colonnes a suivi son cours régulier depuis huit jours. Nous n'avons pas l'intention de la prolonger au delà du terme moralement nécessaire pour donner à ceux de nos lecteurs qui croiront devoir y adhérer le temps de nous envoyer leurs souscriptions. En conséquence, nous avons l'honneur de prévenir nos lecteurs que la souscription pour élever un monument à la mémoire de Baudin sera close dans nos bureaux mardi prochain, 17 novembre. »

Cet article, dit M. l'avocat impérial, est suivi d'une liste de souscription, avec les noms des souscripteurs indiqués et les sommes versées.

Les numéros du 16 et du 17 ne renferment aucune liste. On lit seulement dans ce dernier l'article suivant :

« Notre numéro de demain pouvant être saisi, comme le *Temps* d'hier l'a été, nous prions nos abonnés de ne pas s'étonner si le journal de demain ne leur parvenait pas. Au cas où nous serions saisi, nous tâcherons de compenser pour eux ce désagrément en publiant, dans le courant du mois, un ou deux suppléments. — L'administrateur : Signé C. Despériez. »

Les prévisions du journal ne furent pas déçues. Le numéro du 18 fut l'objet d'une saisie. Il contenait, en outre d'une liste de souscription, une déclaration qui formule tout le système de défense de cette publication et dont il importe pour cette cause, que vous ayez connaissance complète :

« Ainsi que nous l'avons annoncé hier, nous publions aujourd'hui notre dernière liste. Nous le faisons sans aucune espèce de bravade ; nous le faisons pour user jusqu'au bout d'un droit que nous jugeons incontestable dans la suite et dans le sens où nous l'avons exercé, et pour rester fidèle à l'engagement que nous avons pris envers le public de ne clore qu'aujourd'hui la souscription ouverte le 8 novembre dans nos bureaux. Il se peut qu'on nous saisisse et qu'on nous poursuive; mais alors, ce qui sera cette fois poursuivi, c'est la souscription elle-même, la souscription par elle-même, la souscription en elle-même. Dans la situation où nous sommes placés et où nous avons eu soin de rester, rien ne donne prise contre nous à l'accusation de manœuvres et intelligences, rien, rien et rien; à moins que la souscription toute seule ne constitue, suivant le parquet, ce délit de manœuvres et d'intelligences. Nous espérons encore que le parquet n'adoptera pas cette thèse, qui serait, nous l'avons dit hier, d'une gravité exceptionnelle et pleine de périls pour tout le monde.

« Nous l'espérons pour le gouvernement, pour le pays, pour la magistrature elle-même, et nous pouvons ajouter sans faiblesse que nous l'espérons aussi pour nous-mêmes, qui n'aimons, ni ne cherchons les débats avec la justice, l'amende et la prison. Que si, cependant, nous nous trompions et si on se résolvait à nous poursuivre, il faudrait bien nous résigner à soutenir un procès que nous ne cherchons pas; il faudrait bien, sans nous départir de notre respect sincère pour le parquet et la magistrature, malgré notre aversion presque invincible pour des débats où peuvent être à chaque instant remués les plus tristes souvenirs de nos discordes, user de tous les moyens que les lois et la libre discussion mettent à notre disposition pour défendre, avec le droit du *Journal de Paris* et notre droit de citoyen, les droits même de l'histoire.

« Le secrétaire de la rédaction, A. PLANQUETTE. »

Vous le voyez, messieurs, la même situation est faite dans le procès à M. Weiss, gérant du *Journal de Paris*, et à M. Hébrard, gérant du *Temps*. Tous deux ont, après une hésitation marquée, ouvert leurs colonnes à l'annonce de la souscription, à sa propagation, à la publication de ses résultats. Les mêmes éléments de prévention sont invoqués contre eux. Je veux donc m'occuper d'eux sans tarder davantage, en ajournant après l'examen des questions qui les concernent celles qui intéressent plus particulièrement les autres feuilles poursuivies.

MM. Weiss et Hébrard ont-ils pratiqué des manœuvres dans le but de troubler la paix publique et d'exciter à la haine et au mépris du gouvernement? Telle est la question que j'ai à discuter en ce moment. Une solution affirmative emportera, vous le savez, l'application des peines édictées par l'article 2 de la loi du 25 février 1858.

Mais, au moment même où je rappelle cette loi et sa date, je rencontre le souvenir des récriminations amères dont elle est l'objet et des couleurs odieuses qu'on s'efforce de jeter sur toute prévention prenant sa base dans ses dispositions. C'est la loi de sûreté générale, loi exceptionnelle, rigoureuse, draconienne, inspirée par des terreurs qui n'ont plus de raison d'être, qu'il faudrait laisser dans un oubli profond!

A ces reproches, je pourrais répondre tout d'abord qu'ici nous ne jugeons pas la loi, nous l'appliquons. C'est devant d'autres que nous qu'il conviendrait de se pourvoir. Mais j'aime mieux, pour contribuer à dissiper ces préventions intéressées, vous rappeler que la loi de février 1858 comprenait des dispositions de deux ordres différents, les unes purement administratives et transitoires, les autres judiciaires, et doivent avoir un caractère permanent,

Les premières ont disparu avec les nécessités politiques qui les avaient fait naître; les secondes devaient rester et sont restées, en effet, pour combler des lacunes que l'expérience avait permis de constater dans nos lois pénales. Au nombre de ces dispositions subsistantes se trouve l'article 2, qui punit les manœuvres pratiquées dans le but de troubler l'ordre ou de déconsidérer le gouvernement. Et qu'on ne dise pas que cette disposition est excessive et odieuse! Elle ne l'est pas davantage que l'article 4 du décret du 11 août 1848, dont elle est le complément et le corollaire. En effet, la loi républicaine défend et punit l'excitation lorsqu'elle est commise par discours; celle de 1858 défend et punit la même excitation lorsqu'elle est commise par action, voilà toute la différence! On ne saurait donc récriminer contre l'une sans blâmer l'autre, et ce ne sont pas mes contradicteurs d'aujourd'hui qui commettraient cette inconséquence.

Mais quels sont donc les éléments constitutifs du délit que punit cette loi? Un élément matériel, c'est-à-dire des manœuvres pratiquées, et un élément intentionnel, c'est-à-dire l'intention soit de troubler la paix publique, soit d'exciter à la haine et au mépris du gouvernement. Les rencontrons-nous dans les faits imputés au *Temps* et au *Journal de Paris?*

Je me heurte encore, dès le premier pas que je fais dans cet examen, à des objections souvent reproduites et qui portent sur l'interprétation à donner au mot manœuvre. C'est, dit-on, un terme vague, indéfini, arbitraire, sans portée juridique, insuffisant pour préciser le fait défendu, et laissant, par conséquent, les citoyens exposés à toutes les surprises. J'ai encore peine à comprendre ces critiques, car, enfin, le mot manœuvre n'est pas un néologisme de la loi de 1858, il figure dans nos codes avec une acceptation connue de tous, et ne soulevant, dans la pratique, aucune difficulté sérieuse. Ainsi, sans parler des manœuvres électorales, ne trouvons-nous pas dans l'article 77 du Code pénal cette même expression? Les commentateurs en ont, en cette matière, déterminé le sens, et s'il s'agissait du crime que punit cet article, nous serions, j'imagine, tous d'accord ici sur le caractère des manœuvres qui le constituent.

Mais il est une disposition de notre code où se trouve encore le mot qu'on critique tant : cette disposition, il ne se passe pas un jour où vous ne l'appliquiez; je veux parler, et personne ne doutera, je pense, du motif purement et exclusivement juridique qui m'inspire ce rapprochement des deux textes, je veux parler de l'article 405, qui punit des faits dont des actes caractérisés par le mot « manœuvre » forment la base essentielle. A-t-on jamais dit devant vous : « Le mot est trop vague, il serait dangereux de chercher à en fixer le sens, il ne faut pas appliquer la loi?... » Non, la doctrine, la jurisprudence, ont apporté à l'article 405 leurs commentaires; il ne s'agit plus aujourd'hui que d'en approprier l'interprétation à des espèces particulières; pourquoi donc récuser les mêmes lumières dans un cas juridiquement analogue, alors que les difficultés sont les mêmes et les mots identiques?

Ainsi, la jurisprudence s'est exprimée sur le sens à donner aux expressions de l'article 2 de la loi de 1858. La Cour de cassation a indiqué que par manœuvres on devait entendre, non un fait isolé, individuel, fortuit, mais un ensemble de faits, un concert de volontés tendant au but spécifié par la loi. Eh bien! avons-nous ici, de la part de MM. Weiss et Hébrard, cette multiplicité d'actes et cet accord de volontés? Oui, cet élément est renfermé dans la série des actes qui ont précédé, constitué, consommé la souscription à laquelle ils ont pris une part principale, actes qui ne doivent pas être, ainsi que vous l'avez sagement décidé, arbitrairement séparés et envisagés séparément, mais au contraire considérés dans leur signification générale et entière.

Et, avant de passer outre, je veux aller au devant d'une objection dont les journaux ont retenti et sur laquelle il est évident qu'on a compté beaucoup pour susciter contre les poursuites la réprobation de l'opinion : « Comment! vous voulez prohiber une souscription! et quelle souscription? un acte de respect envers un mort! C'est un délit que vous créez! où est la loi qui vous y autorise? » On peut sans doute, messieurs, faire quelque impression sur le public léger ou ignorant en nous prêtant ses vues, mais je ne veux pas faire aux hommes intelligents qui m'écoutent l'injure de croire qu'ils aient pu, un seul instant, supposer au ministère public de pareilles témérités. Ils savent bien, en effet, que le fait spécial d'ouvrir une souscription n'est prévu et puni que dans un seul cas, celui que prévoit l'article 5 de la loi du 27 juillet 1849. Ils ont bien compris également que la souscription Baudin n'est pas le délit poursuivi, mais simplement le moyen, l'instrument qui, d'après nous, a servi à commettre le délit; en d'autres termes, la manœuvre employée pour troubler l'ordre et faire échec au gouvernement de l'Empereur.

Il faut, messieurs, pour qu'aucun doute ne puisse subsister dans l'esprit de qui que ce soit, que je rende cette distinction sensible par une analogie, par un exemple tiré d'une matière qui n'a, Dieu merci! qu'un mot, celui de manœuvres, commun avec celle qui nous occupe. Ainsi, je suppose qu'un individu imagine une souscription dans le but simulé de soulager des infortunes chimériques; en réalité, c'est pour lui qu'il provoque des offrandes, et il se les approprie. Poursuivi, pourra-t-il dire :

« Mais j'ai ouvert une souscription, c'est un fait qui n'est pas punissable? » Nous répondrions tous que ce n'est pas pour la souscription en elle-même que nous le poursuivons, mais pour le procédé qui prend grammaticalement le nom de souscription et finalement celui de manœuvre.

Ce point élucidé, et j'attachais quelque importance à ne pas le laisser sans éclaircissements, je reprends l'examen de cette question : La part prise par le *Temps* et le *Journal de Paris* à la souscription Baudin constitue-t-elle une manœuvre pratiquée à l'intérieur?

Je réponds oui, avec l'autorité de votre décision précédente, qui, appréciant le caractère de cette souscription, déclare qu'elle constitue un fait complexe, composé d'éléments divers qu'il ne faut pas arbitrairement séparer, et résultant d'une coalition d'actes, de volontés et d'intentions dont chaque agent est responsable.

C'est, en effet, une opération successive, ou plutôt une série d'opérations, se prêtant réciproquement leur force et leur signification, s'accentuant l'une par l'autre et convergeant toutes vers le même but. Suivez les transformations, les phases diverses de cette souscription. Elle tient son origine de la manifestation du cimetière Montmartre; voilà un premier fait auquel le fait de la souscription s'ajoute pour le compléter et le continuer. Puis un journal, le *Réveil*, en appelle un autre à son aide pour en assurer l'exécution. Puis l'*Avenir national* fait appel à d'autres journaux, ceux-ci répondent et s'associent au mouvement imprévu; chacun d'eux fait appel, à son tour, aux hommes qu'il croit sympathiques à l'entreprise; les offrandes arrivent, les noms, les noms surtout! sont soigneusement publiés; on indique combien de journaux ont suivi l'exemple et dans quelles contrées les listes fonctionnent! Et ainsi, d'effort en effort, par suite d'une initiative unique dès le début, mais insensiblement acceptée en cent lieux divers, on est arrivé à permettre au parti tout entier de se dénombrer, de passer sa propre revue et de cimenter une union qui est une menace pour l'ordre et le gouvernement.

C'est bien là, on ne peut en douter, cet ensemble d'actes, cette entente de volontés que la loi qualifie manœuvre, et, en ce réseau ainsi formé tout se tient et s'enchaîne; quiconque apporte sciemment son concours à l'entreprise s'approprie et s'identifie le résultat des efforts de tous, et qu'on ait été promoteur, comme le *Réveil* et l'*Avenir national*, ou qu'on soit intervenu seulement à la dernière heure, comme le *Temps* ou le *Journal de Paris*, on est dans l'association, on a travaillé à son succès, on s'est solidarisé avec tous ses actes et avec tous ses membres, et on ne saurait, ici du moins, contester sérieusement que les prévenus se soient, en fait, librement et sciemment exposés à cette conséquence.

Voilà les manœuvres établies : quel en est le but? On a voulu d'abord prolonger l'agitation jusqu'au 3 décembre, afin que le rendez-vous donné sur la tombe de Baudin ne fût pas oublié, afin qu'une nouvelle manifestation fût faite ce jour-là, plus significative encore et essentiellement propre à troubler la paix publique. On a voulu, ensuite, en exhumant et en agitant devant l'opinion les souvenirs de certains faits et de certains hommes, souvenirs qu'on croit de nature à appeler sur le gouvernement la haine ou le mépris des citoyens, faire acte d'opposition politique et lancer comme un manifeste de révolution et de guerre civile.

Ces mobiles, ce sont ceux que votre jugement a déjà assignés à la manifestation qui commence au cimetière Montmartre et se continue ensuite dans la presse. Ce sont aussi ceux qui ont porté les prévenus actuels à y adhérer et à prêter le concours de leurs volontés et de leurs actes à la réalisation de ses effets. Oui, le *Temps*, le *Journal de Paris*, ont voulu, en ouvrant la souscription dans les circonstances que vous connaissez, en la propageant, en la secondant, contribuer pour leur part à déverser la haine et le mépris sur le gouvernement et à favoriser le retour d'événements attentatoires à la tranquillité publique.

Oui, c'était là leur but. Il est absolument impossible qu'ils en aient eu aucun autre.

Mais vous vous trompez, nous dit-on, nous avons voulu seulement honorer un homme dont la vie et la mort nous ont paru avoir droit à un hommage particulier. Vous avez déjà apprécié, messieurs, la valeur de cette explication, et vous l'avez repoussée. Vous vous êtes dit, avec juste raison, que les circonstances au milieu desquelles était née la pensée de cet hommage s'accordaient mal avec la pureté et l'honorabilité des sentiments qu'on prétend lui attribuer.

Vous l'avez constaté, c'est après dix-sept ans d'oubli qu'on exhume le souvenir de Baudin, aux cris de : « Vive la République, » au milieu des provocations et des menaces à l'autorité. C'est dans ce milieu passionné que surgit l'idée d'une souscription pour lui élever un monument! Ce second acte ne porte-t-il pas aussi le cachet de celui dont il est issu, de l'inspiration qui l'a engendré? Dix-sept ans d'oubli! et le premier souvenir qui revienne après un temps si long est suscité par un mouvement politique, par la haine des vivants et non par le respect des morts! Ce rapprochement en dit assez, et il me suffirait de vous le rappeler pour être assuré que les protestations des prévenus ne vous feront pas plus illusion aujourd'hui que lors des débats précédents.

Mais j'ai une remarque plus topique encore à vous soumettre en ce qui concerne plus particulièrement les publications dont je m'occupe à cette heure : elle est basée sur le retard singulier qu'ont apporté le *Temps* et le *Journal de Paris* à s'associer à la souscription, c'est-à-dire à exprimer leurs sentiments de respect et leur culte pour Baudin. Ils l'avaient oublié, soit! l'idée de l'honorer avec éclat ne leur était pas venue, soit encore! mais, du jour même où un autre a provoqué ce témoignage de vénération si longtemps ajourné, du jour même où leur indifférence trop prolongée leur est révélée, du moins vont-ils s'empresser d'exprimer leurs regrets et s'associer activement, sans réserve, sans arrière-pensée, à l'œuvre de réparation?

Non, ils prennent le temps de réfléchir. L'un d'eux insère une note qui laisse son initiative, son concours actif en dehors de l'entreprise provoquée par l'*Avenir national* et le *Réveil*; l'autre ne dit pas un mot, et c'est seulement quand ces deux journaux sont poursuivis, quand on sait que l'autorité s'est émue, qu'on adhère formellement et qu'on reprend l'œuvre commencée par eux.

Pourquoi cette abstention de huit jours? pourquoi ce changement de rôle inattendu? est-ce que l'idée d'honorer Baudin a mis un temps si long à entrer dans les esprits? Non, c'est qu'on a fini par constater que l'entreprise dirigée contre le gouvernement était en péril, que les poursuites pouvaient intimider les souscripteurs et paralyser la manifestation; on s'est jeté alors dans la mêlée pour réchauffer le zèle qu'on craignait devoir s'éteindre et donner à l'acte d'hostilité dirigé contre le pouvoir une nouvelle portée,

Les journaux poursuivis ont compris l'appréciation défavorable pour eux à laquelle cette attitude donnerait lieu, et ils ont cru se ménager une défense triomphante en disant : « Si nous sommes intervenus si tard, c'est que nous avons voulu affirmer un droit que les poursuites commencées mettaient en doute, le droit d'ouvrir une souscription pour honorer un mort! »

Est-il possible, messieurs, que l'on ait cru un seul instant ce droit discuté et menacé? Mais, si on avait pu avoir cette crainte, les déclarations du ministère public, votre propre jugement, n'eussent-ils pas suffi à la dissiper? Y avait-il la moindre raison, en dehors d'un intérêt d'animosité politique, à persévérer dans une affirmation de droit, dans une protestation de cette nature? Quelle nécessité de courir ainsi au devant d'un procès, de se signaler au parquet, de signaler des publications analogues non encore poursuivies, et de quereller, en quelque sorte, l'inaction du ministère public à leur égard?

Non, messieurs, tout cela ne fait illusion à personne; de quelque habileté qu'on cherche à le couvrir, le but apparaît au bon sens, à la conscience de tous, et votre sagacité, cette fois encore, ne s'y trompera pas. Je pourrais, pour caractériser encore les intentions des prévenus, chercher des auxiliaires dans la presse même, dans celle qui se signale au même degré qu'eux par ces sentiments hostiles au pouvoir; je pourrais rappeler au *Journal de Paris* notamment les termes amers dans lesquels un journal de province qualifie son rôle et son mobile; mais j'ai mieux encore à vous présenter, j'ai une autorité plus haute, plus impartiale à vous produire, c'est celle d'un journal étranger, le *Times*, qui ne se flatte pas d'être agréable au gouvernement de l'Empire et qui, après avoir apprécié à son point de vue l'opportunité des poursuites, — et le blâme qu'il formule est la garantie de sa sincérité, — s'exprime en ces termes à l'égard de la souscription des journaux poursuivis...

Je ne vous lirai pas, dit M. l'avocat impérial, tout l'article du *Times*, qui est fort long, mais je vous lirai seulement la traduction des conclusions auxquelles il aboutit; la voici :

« Les lois françaises contre la sédition ont été, à dessein, faites dans des termes vagues et qui, pourtant, suffisent pour réprimer presque tout acte qui pourrait déplaire aux autorités, et nous ne pouvons nous dissimiler que cette manifestation et ces souscriptions avaient réellement pour but de produire un effet tel que celui d'excitation à la haine contre le gouvernement. Toute l'affaire tendait à faire du mal au gouvernement, en rappelant qu'on avait connu d'autres gouvernements et qu'on pouvait en connaître encore. Le gouvernement français, non sans raison, a rendu des lois très-sévères pour réprimer les manifestations politiques; d'un autre côté, ses adversaires, tout aussi naturellement, s'ingénient à chercher à faire ce qui est défendu, de manière à ce qu'on ne puisse prouver que ce soit en effet défendu, et entre les deux parties il y a constamment des conflits avec des résultats tels que ceux que nous voyons maintenant.

« Comme cela va sans dire, le gouvernement gagne, car il est en force, et il emploie sa force pour sa défense personnelle avec une résolution qui la rend efficace.

« En réalité, la loi française, en pareilles matières, se résume en ceci : « Que personne ne doit faire ce que les autorités regardent comme préju« diciable au gouvernement. »

« Il était peu utile d'arguer, d'un autre côté, qu'il ne pouvait y avoir d'inconvenance à élever un monument par souscriptions privées à un citoyen français qu'on pensait mériter cet hommage. Le monument n'était réellement proposé ni les souscriptions offertes en bonne foi. L'esprit que le gouvernement a voulu découvrir dans l'affaire existe réellement, c'est hors de doute; mais il eût été d'une politique plus sage et plus efficace de le laisser jeter sa faible lueur et s'éteindre inaperçu. »

Je n'ai rien à ajouter : j'affaiblirais la portée et la valeur de ces observations. Je considère la prévention comme suffisamment justifiée à l'égard des deux premiers prévenus, et je passe à l'examen de la situation des autres feuilles, *le Réveil*, *l'Avenir national*, et *la Tribune*.

Vous ne l'avez pas oublié, messieurs, ces trois journaux étaient cités à votre barre le 9 novembre pour l'audience du 13; le 14 vous avez prononcé le jugement qui les condamne par application de la loi de 1858.

L'Avenir national, saisi à diverses reprises, avait suspendu la publication des résultats de la souscription. Mais, le 12, il reprend cette publication et est saisi de nouveau. Ce numéro renferme une longue liste de souscripteurs de Paris, une autre de souscripteurs de Souaillac (Lot), une autre du journal *l'Ordre*, d'Arras, enfin une récapitulation de toutes les listes insérées non-seulement dans les journaux de Paris, mais dans ceux de Lyon, Bordeaux, Nantes, Toulouse, Caen, Nîmes, Avignon, Marseille et Auch; les totaux de chacune de ces listes sont imprimés en caractères très-apparents, de même que cette mention finale : « Le total général, au 12 novembre, est de 11,060 fr. 3 c. »

Le Réveil du même jour, 12 novembre, est rempli tout entier, absolument tout entier, de documents relatifs à la même souscription. J'y vois une longue liste d'adhérents suivie d'une récapitulation et terminée par la mention suivante :

Avec les souscriptions réunies jusqu'à ce jour par *l'Avenir national*, *le Journal de Paris*, *le Temps*, *le Siècle*, *la Tribune*, *la Discussion* de Lyon, *le Démocrate* de Vaucluse, *le Phare de la Loire*, *le Suffrage* de Caen, *l'Ordre* d'Arras, *l'Impartial* de Nevers, *l'Union libérale* de Tours, *l'Impartial dauphinois*, etc., etc., les sommes recueillies dépassent :

10,000 FRANCS

Ce dernier chiffre est imprimé en très-gros caractères.

Une saisie vint également frapper ce numéro.

La même mesure atteignit enfin *la Tribune*. Dans le numéro saisi, qui porte la date du 15, se trouve un article sur Baudin, sur le procès dont vous étiez alors saisi, et, par parenthèse, les injures du plus mauvais goût à l'adresse du magistrat qui avait soutenu la prévention. Je ne vous lis pas ces choses : on croirait que j'ai pu en être blessé. Je me borne à ajouter que l'article était suivi d'une liste de souscripteurs, ainsi que de divers documents annonçant l'intention formelle de la part de *la Tribune* de persister dans la voie où elle était entrée.

Ces faits étant connus, vous avez à décider s'ils tombent sous l'application de la loi! Il ne saurait s'élever, à ce sujet, de discussion bien sérieuse.

N'avez-vous pas, en effet, décidé déjà, à l'encontre des mêmes prévenus, que la souscription et la manifestation avec laquelle elle avait fait corps constituaient des manœuvres? N'avez-vous pas décidé également que ces manœuvres tendaient au but coupable spécifié par la loi? Est-ce que les conditions dans lesquelles elles se sont produites ces dernières manœuvres n'en dénotent pas plus clairement le caractère?

« Nous avons fait de nouvelles publications, disent les prévenus, sous le coup même des poursuites, mais nous n'avons pas cru mal faire, puisque d'autres journaux se livraient en ce moment aux mêmes actes sans encourir aucune rigueur : ce qui leur était permis nous était permis aussi. »

Cette objection, messieurs, ne saurait trouver accueil chez vous. Le ministère public exerce son action quand et comme il lui convient, sans avoir de comptes à rendre qu'à sa conscience.

Pourquoi a-t-il tardé à sévir contre *le Temps*, contre le *Journal de Paris*, je n'ai pas à l'expliquer ici; ce que je veux seulement repousser, c'est cette pensée que *le Réveil, l'Avenir national, la Tribune*, aient pu prendre ce silence pour une approbation, pour un encouragement, alors qu'ils étaient poursuivis et que, contre l'un d'eux notamment, les mesures rigoureuses se succédaient de jour en jour.

Une autre fin de non-recevoir est opposée à la poursuite; elle consiste à soutenir que, les prévenus ayant été condamnés à raison de manœuvres constituées par l'ouverture de la souscription et la publication de ses listes, les faits sur lesquels vous avez actuellement à vous prononcer sont identiquement les mêmes et que vous ne pouvez, par conséquent, prononcer une condamnation nouvelle sans violer la maxime : *Non bis in idem*. C'est facile, je crois, de dissiper la confusion qui semble s'être établie, sur ce point, dans l'esprit des prévenus et que des hommes plus familiers avec les principes de la procédure n'auraient assurément pas faite. Lors de la première poursuite, votre compétence a été déterminée par l'ordonnance en date du 9 novembre : c'est seulement sur les faits antérieurs à cette date que vous avez pu statuer et que vous avez statué réellement.

Des faits nouveaux se produisant postérieurement vous sont encore déférés par une nouvelle ordonnance : peu importe qu'ils soient de même nature que ceux précédemment appréciés, s'ils renferment de nouveau les éléments du délit. Si le fait de propager la souscription, de faire appel à des adhérents, d'en publier les noms, d'indiquer les résultats obtenus, constituent une manœuvre, chaque fois que ces éléments se trouveront réunis, il y aura manœuvre nouvelle, c'est-à-dire nouveau délit. Sinon, votre décision du 14 couvrirait indéfiniment et à jamais la continuation des mêmes faits. Vous avez connu seulement des manœuvres antérieures au 9 novembre, vous avez aujourd'hui à vous prononcer sur celles qui ont suivi cette date : les mêmes raisons s'offrent, à vous de les qualifier délits et de leur appliquer la loi.

M. Delescluze apporte, à l'appui de la fin de non-recevoir que je viens d'examiner, un argument auquel il faut encore que je réponde, si peu fondé qu'il soit à mes yeux. Le prévenu a remarqué que votre jugement du 14 prononçait, conformément à l'art. 26 de la loi du 26 mai 1819, la suppression et la destruction des exemplaires des journaux saisis. Or, dit-il, à ce moment les journaux saisis étaient *l'Avenir national* et *le Réveil;* ce dernier n'avait été saisi qu'une fois, le 12 novembre, c'est-à-dire entre l'ordonnance et le jugement, et c'est précisément sur ce numéro que se fonde la nouvelle poursuite. Elle n'est donc pas recevable, puisque le délit a déjà été apprécié et jugé, puisque le tribunal a prononcé la suppression de l'écrit qui le contiendrait.

Messieurs, s'il existait, dans votre première décision, quelque ambiguïté, il vous appartiendrait aujourd'hui de l'expliquer, de l'interpréter, sans porter atteinte à l'autorité de la chose jugée; mais il n'est point besoin de recourir à cette voie pour démontrer le mal fondé du système de M. Delescluze. Il suffit de se reporter à l'ordonnance qui vous saisit : La présomption est que vous n'avez pas statué sur des choses qu'elle n'a pas déférées à votre examen; cette ordonnance est datée du 9, vous n'avez voulu ni pu connaître que des faits déjà accomplis à ce moment, et si, dans votre jugement, il est parlé de journaux saisis, alors qu'il n'y a qu'un journal saisi, c'est un vice de rédaction dont personne ne peut arguer, c'est une erreur dont ne peut se prévaloir *le Réveil*, que vous n'avez pas nominativement désigné et dont la saisie ne vous était pas déférée.

Je n'ai rien à ajouter, messieurs; je me suis appliqué à prévoir et à réfuter les objections que pouvait rencontrer la poursuite. Je crois l'avoir ainsi justifiée, sans quitter le terrain pratique, judiciaire, comme il était convenable de le faire, me paraît-il, eu égard à l'état actuel du débat. Je le clos, pour ce qui me concerne, en requérant contre tous les prévenus l'application de la loi.

Après ce réquisitoire, l'audience est suspendue; elle est reprise à quatre heures.

M. Delescluze se lève et demande à lire des conclusions.

Elles seront courtes, dit-il, quoi qu'il m'en coûte de ne pas répondre à l'argumentation du ministère public, ce qui m'eût été facile. Je ne retarderai pas beaucoup la plaidoirie de Me Dufaure. Je n'ai pas de défenseur.

M. Delescluze donne lecture de ses conclusions, qui sont conçues en ces termes :

Attendu que Delescluze est prévenu d'avoir pratiqué des manœuvres à l'intérieur, à partir du 9 novembre, dans le but de troubler, etc., etc.;

Attendu que ces prétendues manœuvres résulteraient de la publication d'une liste de souscription pour le monument de Baudin, laquelle aurait paru dans *le Réveil* du 12 novembre et aurait motivé la saisie de ce numéro;

Mais attendu que cette publication n'est et ne peut être qu'un des éléments de la poursuite précédemment dirigée aux mêmes fins contre Delescluze, et terminée en première instance par jugement de ce tribunal du 14 novembre, lequel comprend nécessairement tous les faits antérieurs et identiques pouvant, par leur connexité, concourir à la détermination du prétendu délit imputé à Delescluze;

Qu'en effet, ledit jugement, quant à présent d'ailleurs non avenu, puisqu'il est frappé d'appel, après avoir condamné Delescluze à six mois de prison et 2,000 fr. d'amende, ainsi qu'à la privation des droits civiques, ordonne la suppression et la destruction des exemplaires des journaux saisis;

Attendu que cette disposition dernière, qui ne comporte ni d'exception ni de distinction, s'adresse à toutes les saisies antérieures, même celles qui ont suivi l'ordonnance de renvoi; qu'en ce qui concerne Delescluze, elle s'applique au numéro du *Réveil* du 12, le seul dont un mandat de justice eût ordonné la saisie, et que, par conséquent, ce numéro ne peut donner ouverture à de nouvelles poursuites;

Attendu que, dans son réquisitoire du 13 novembre, le ministère public a invoqué contre les prévenus le numéro de *l'Avenir national* du 10 novembre, comme établissant le délit de manœuvres, bien que ce numéro ait paru après cette ordonnance de renvoi, l'assignation délivrée aux prévenus étant du 9 du même mois;

Attendu, au surplus, que la publication d'une liste de souscriptions, considérée isolément, ne peut constituer le délit de manœuvres, dans le sens de la loi du 27 février 1858; qu'en se reportant au jugement du

14 novembre, il est manifeste qu'elle ne saurait emprunter ce caractère qu'à l'ensemble des faits qui, une fois visés par ledit jugement, ne peuvent plus être invoqués à l'appui de la nouvelle poursuite;

Attendu enfin que la continuation d'un fait dont le caractère délictueux n'est pas encore souverainement déterminé, et ne l'était pas même en première instance au moment où il s'est renouvelé, ne saurait constituer un délit nouveau;

Que l'ordonnance de renvoi n'est qu'un acte d'instruction dont le seul effet est de saisir la police correctionnelle;

Qu'en publiant, le 12 novembre, une souscription pour honorer la mémoire de Baudin, Delescluze a usé d'un droit qui n'a pas été contesté en lui-même par l'accusation, et qui, dégagé des circonstances dans lesquelles l'a enveloppé le jugement du 14 novembre, n'offre aucun élément de criminalité;

Attendu qu'en renonçant à exercer ce droit avant une décision définitive, Delescluze aurait confessé sa culpabilité;

Attendu enfin qu'en associant Delescluze à de nouveaux prévenus qui ont agi dans la plénitude de leur responsabilité, et sans qu'il soit établi qu'il y ait eu concert entre lui et ces derniers, l'accusation croule par la base.

Par ces motifs, renvoyer Ch. Delescluze des fins de la prévention, sans dépens.

M. Peyrat se lève pour donner également lecture des conclusions par lui prises. Je n'ai pas de défenseurs, dit-il, je tiens à lire moi-même ces conclusions, et je voudrais donner...

(Quelques murmures s'élèvent dans l'auditoire.)

M. PEYRAT. — Je comprends qu'on désire que M. Dufaure prenne de suite la parole et je me rassieds.

M. LE PRÉSIDENT. — Me Dufaure a la parole.

Me Dufaure s'exprime ainsi :

En répondant pour le journal *le Temps* au réquisitoire de M. l'avocat impérial, je ne me dissimule pas que je vais toucher à un écueil. La plupart des questions qui vous sont soumises ont déjà été débattues avec talent et avec éclat par quelques-uns de nos honorables confrères, et je risque de revenir sur des observations déjà présentées; mais je prie le tribunal de vouloir bien prendre en considération que le journal *le Temps* n'était point partie au premier procès, et que je viens défendre contre une poursuite nouvelle un client qui, en mon âme et conscience, n'a enfreint aucune loi; je réclame donc votre indulgence si je touche à des points déjà discutés, mais qu'il est de mon devoir de discuter de nouveau.

Vous savez que l'origine de ce procès a été la manifestation du cimetière Montmartre; on a rattaché à cette manifestation des lettres, des vers lus sur la tombe de Baudin, des discours prononcés, toutes circonstances auxquelles le journal *le Temps* est resté entièrement étranger et à l'occasion desquelles le tribunal a prononcé cette parole, qu'il ne fallait pas les diviser, mais bien les réunir toutes ensemble pour les juger.

Quant au *Temps*, dans son numéro du 5 novembre, il annonce en ces termes qu'une souscription est ouverte :

« Avant-hier, un grand nombre de couronnes ont été déposées, au cimetière Montmartre, sur la tombe de Baudin, représentant du peuple, dont on connaît la mort héroïque (3 décembre 1851).

« *L'Avenir national* et *le Réveil* ouvrent simultanément une souscription ayant pour objet d'élever un monument à Baudin. Nous transmettrons volontiers à nos confrères les souscriptions qui nous seront adressées par nos lecteurs. »

Il se bonne donc à l'annoncer; il ne l'ouvre pas encore dans ses colonnes, mais il n'attend pas le 9 novembre pour aller plus loin, et je dois combler ici une lacune dans le récit que vous a présenté M. l'avocat impérial.

Le 7 novembre, à une époque où il n'y avait pas de poursuites commencées contre *le Réveil* et *l'Avenir national*, à un moment où la prévention n'avait pas de raison d'être, *le Temps* publiait l'article suivant, que le tribunal me permettra de lire :

« Les deux journaux judiciaires, *la Gazette des Tribunaux* et *le Droit*, annoncent qu'une instruction vient d'être ouverte à l'occasion de la manifestation qui s'est produite le 2 novembre au cimetière Montmartre et de la souscription ouverte, à la suite de cette manifestation, dans les bureaux de *l'Avenir national* et du *Réveil*.

« Nos lecteurs savent ce dont il s'agit. La tombe du représentant Baudin, tué sur une barricade au faubourg Saint-Antoine, le 3 décembre 1851, était demeurée longtemps ignorée. Elle n'a été découverte que tout récemment, au cimetière Montmartre. Le 2 novembre dernier, jour des Morts, elle a reçu un grand nombre de visiteurs, et le lendemain, *l'Avenir national* et *le Réveil* ont annoncé une souscription pour l'érection d'un monument funèbre. Ce sont les visites de la veille et la souscription du lendemain qui sont incriminées, au dire du *Droit* et de *la Gazette des Tribunaux*. Qu'il nous soit permis, non-seulement de nous en étonner, mais de nous en affliger. Nous n'avons pas été témoin de ce qui s'est passé au cimetière, et nous nous abstiendrons, par conséquent, d'en parler. Nous dirons seulement que, si la police était là, et si elle a découvert quelque chose de délictueux dans ce qu'on appelle une manifestation, il est surprenant qu'on ait mis trois ou quatre jours à se résoudre aux poursuites ou du moins à les annoncer. Ce retard fera penser à beaucoup de personnes que ce que l'on veut principalement frapper, ce n'est pas la manifestation, mais la souscription. »

Voilà l'article qui a suivi celui du 5 novembre, et à la date du 9 novembre, il annonce que le droit d'ouvrir la souscription paraissant contesté, il va l'ouvrir lui-même; le gérant du journal dit dans cet article :

« A la suite des saisies pratiquées dans les bureaux de l'*Avenir national* et de la *Tribune*, le bruit se répand que l'administration prétend interdire le fait pur et simple de concourir à la souscription ayant pour objet d'élever un monument à la mémoire de Baudin.

« Une telle prétention constituerait une atteinte à la loi, patrimoine de tous les citoyens, et elle imposerait à tous les citoyens la protestation comme un devoir. Nous n'ajoutons aucune foi à de pareils bruits, et nous en donnons immédiatement la preuve en ouvrant la souscription dans les bureaux du *Temps*. — A. Hébrard. »

Messieurs, le caractère de l'attitude prise par le journal le *Temps* était aussi nettement déterminé que possible; il profitait de ce qu'il était resté étranger aux manifestations qui avaient précédé la souscription pour mettre son journal à la disposition des souscripteurs, lui qui avait demandé si une souscription pure et simple pouvait être considérée comme un fait délictueux. Je ne lis pas les articles qui ont suivi. Le tribunal pourra les voir, il y verra toujours le même but poursuivi et qui se résume ainsi : 1° honorer la mémoire d'un citoyen mort courageusement pour la défense et le maintien des lois ; 2° affirmer et faire respecter un droit contesté.

Les intentions du journal ne sont pas seulement indiquées par les articles que je vous ai fait connaître, elles le sont encore par les communications à lui adressées et accompagnant les souscriptions. Je citerai à titre d'exemple les lettres adressées au gérant du *Temps* par mon excellent et honorable ami M. Odilon Barrot et par M. Edgar Quinet.

La première est ainsi conçue :

« *Au rédacteur.*

« Bougival, jeudi.

« Mon cher ami,

« Je ne vois dans l'hommage rendu à la mémoire de mon ancien collègue, M. Baudin, qu'une protestation en faveur du droit; et comme toute ma vie j'ai professé que le culte du droit est en tout pays la sauvegarde la plus assurée de la liberté et même de l'autorité dans ce qu'elle a de légitime et de nécessaire, je n'hésite pas à me joindre à vous et vous autorise à souscrire pour moi pour 20 francs.

« J'oublie, ou plutôt je ne veux pas connaître les antécédents politiques de M. Baudin; je ne vois en lui que le martyr d'une grande et sainte cause, et je me réunis avec toute sympathie à ceux qui croient devoir honorer sa mémoire.

« Tout à vous de cœur. « ODILON BARROT. »

Voici la seconde :

« *Au rédacteur*.

« Mon cher monsieur,

« Voici ma souscription pour le monument à la mémoire de Baudin, mon collègue et mon ami, mort héroïquement pour la défense des lois. J'étais deux fois son collègue, comme représentant et comme élu par le département de l'Ain.

« Votre tout dévoué. « E. QUINET.

« Veytaux, 11 novembre 1868. »

Lorsque votre jugement fut rendu, le *Temps* était pénétré de cette sage maxime inscrite par vous, messieurs, dans votre décision même, qu'il ne fallait pas diviser les faits de cette cause, mais bien apprécier le caractère de chacun d'eux par les combinaisons qui les liaient les uns les autres ; or, le journal s'est empressé de déclarer que, quant à lui, il était convaincu que la souscription en elle-même était innocente ; il a en outre déclaré qu'il fermerait la liste le jeudi suivant.

Voilà la part qu'a prise le *Temps* dans cette souscription ; il était tellement évident que le journal était étranger aux circonstances aggravantes, qu'en présence des listes et des articles réitérés jusqu'au 14 novembre, personne ne lui a rien dit, et ses actes lui paraissaient tellement innocents qu'il n'a pas même été averti des poursuites qu'on dirigerait contre lui s'il continuait.

M. l'avocat impérial disait que nous n'avions pas à demander compte des poursuites que le parquet dirigeait contre les uns sans les diriger contre les autres. Je ne prétends pas contester ce principe ; il est cependant une chose qui me paraît écartée par cette façon d'envisager la question, c'est l'égalité devant la loi : là où l'on rencontre le même délit, il faudrait au moins rencontrer la même poursuite, et il est permis à ceux qui sont à côté des journaux qu'on poursuit de croire que, n'étant pas avertis, ils ne seront pas poursuivis.

Le gérant du journal a été appelé devant le juge d'instruction ; il y a eu à ce moment une certaine incertitude. M. le juge d'instruction a interrogé M. Hébrard sur l'article contenu dans le numéro du 16 novembre ; quant aux autres, on ne lui dit rien. Le gérant a répondu qu'il avait publié cet article parce qu'il était convaincu que le fait isolé de la souscription ne pouvait être un fait délictueux. Il est probable que, depuis, M. le juge d'instruction aura revu avec plus d'attention le terme de votre jugement, et alors M. Hébrard a été renvoyé devant le tribunal correctionnel, en vertu d'une ordonnance qui incrimine tous les numéros précédents. Je prends donc la prévention corps à corps, telle qu'elle se présente. Le délit imputé à M. Hébrard est celui qui est prévu par l'art. 2 de la loi de 1858.

M. l'avocat impérial disait : « Je suis autorisé à penser que l'on critiquera cette loi, on soutiendra qu'elle a été très-rigoureuse et qu'elle a abandonné les prévenus à l'arbitraire des tribunaux. » Je n'ai pas l'intention de contester la puissance d'une loi, mais ce que je ne puis m'empêcher de constater, c'est que si un esprit de prévention s'attache à la loi de sûreté générale, il ne peut s'attacher au droit lui-même ; mais chacun s'est demandé pourquoi on avait besoin d'une loi nouvelle et pourquoi on infligeait aux Français des mesures aussi rigoureuses, alors qu'un étranger avait attenté aux jours du souverain en puisant dans des souvenirs qui nous étaient complétement étrangers l'inspiration qui avait dirigé son bras. Ne trouvez-vous pas qu'il est bien rigoureux qu'à raison de ces faits nous soyons, nous Français, soumis à un régime aussi arbitraire ? C'est là un sentiment légitime naturel et qui froisse notre orgueil national.

Ce n'est pas tout, M. l'avocat impérial ajoute :

« On critique l'emploi de ce mot « manœuvres » ; ce n'est cependant pas un néologisme, vous le trouverez partout. » Oui, cela est vrai ; mais dans cette loi, le mot manœuvres tirait de la nature du délit le même caractère plus vague encore que dans les articles de loi qui contenaient déjà cette expression.

Dans la loi de 1791 que vous citiez, il avait pour but de punir le plus grand des crimes, celui qui consiste à livrer notre pays à l'étranger, à lui livrer des places fortes. Ne sent-on pas que, dans ce cas, la nature du crime est telle que le mot n'a là rien d'incertain ou d'arbitraire ?

Mais ici que prétend-on réprimer ! L'excitation à la haine et au mépris du gouvernement. Tout le monde est d'accord que la limite est bien difficile à marquer entre les attaques légitimées par la loi et les censures avec l'excitation à la haine et au mépris du gouvernement.

On ne s'est pas contenté de ces lois antérieures, car on ne nous poursuit pas pour cela seulement. Mais voyez combien il y a d'incertitude dans la poursuite. Le fait de la souscription n'est pas lui-même un fait délictueux, nous dit M. l'avocat impérial. Je ne vous sais pas en conscience grand gré de cette concession, mais voyez comment le délit est ici déterminé; il l'est par des circonstances indépendantes du fait en lui-même.

Mais la loi existe! Voyons si maintenant le *Temps* a employé des manœuvres, et si, d'autre part, il les a employées pour exciter à la haine et au mépris du gouvernement.

M. l'avocat impérial a senti qu'il était nécessaire de définir le mot manœuvres; eh bien! M. Duvergier a cherché à le faire dans son commentaire de la loi de 1858, il a rapporté la discussion de cette loi au Corps législatif, il a mentionné les observations de M. Emile Ollivier et la réponse de M. Baroche, après quoi, le spirituel commentateur d'ajouter : « C'est dans le texte de la loi et dans les débats que les magistrats trouveront leur véritable guide, » ce qui revient à dire que l'on n'a rien expliqué.

Heureusement, la jurisprudence a eu occasion de fixer ces points.

Me Dufaure cite un arrêt de la Cour de cassation d'avril 1859, et après avoir accepté la définition de la Cour suprême, l'avocat continue :

M. l'avocat impérial l'a dit, et le tribunal l'a proclamé : il ne faut rien diviser ou scinder dans cette affaire. Et c'est au *Temps* que vous voulez faire l'application de cette maxime, alors que vous considériez sa situation comme tellement distincte que vous ne l'avez pas poursuivi dans l'origine et que vous n'avez pas osé le faire.

Maintenant vous venez lui opposer les manifestations qui ont eu lieu au cimetière Montmartre. Veuillez vous rappeler, messieurs, que le journal lui-même constate qu'il n'y avait là aucun de ses rédacteurs. Voyons, y était-il? le constatez-vous? a-t-il pris une part quelconque dans cette manifestation? Absolument non. Il y a eu des lettres échangées? ajoute le ministère public, mais sans préjuger la décision que le tribunal doit rendre, il n'y a eu, et vous ne le relèverez pas, aucune communication de la part du *Temps*. Dans le procès que vous avez jugé, on incriminait des vers lus, des discours prononcés, et d'autres circonstances qui avaient contribué à faire décider par vous qu'il y avait là une culpabilité d'ensemble. Le *Temps* a-t-il joué en tout cela un rôle quelconque? Non, et j'en prends pour témoin le langage même de M. l'avocat impérial, qui n'a relevé, à la charge du journal que je défends, aucun fait spécial; je lui demande en grâce de m'en citer un seul. J'ai donc le droit de diviser en ce qui me concerne et de ne m'arrêter qu'à mes faits personnels; c'est non-seulement pour moi un droit, c'est un devoir.

Mais, dit-on, la souscription ouverte par le *Temps* est venue pour prolonger la manifestation, et ce journal s'est présenté pour lui venir en aide! Où donc est l'indice de ce rôle? Le *Temps* verse dans la caisse du journal l'*Avenir* les sommes qu'il a reçues avant d'avoir ouvert la souscription dans ses colonnes, mais lorsqu'il a vu qu'on contestait le droit de faire une souscription, il a voulu consacrer son droit, et les motifs de sa détermination, il les a donnés; c'était, 1° d'honorer la mémoire de Baudin, et 2° de faire constater que les poursuites ne pouvaient être admises.

Il l'a déclaré spontanément, et il n'y a rien là qui permette de le relier à ce qui s'est fait auparavant.

Mais, dit M. l'avocat impérial, le droit des tribunaux est de rechercher la preuve du délit où il la trouve. Je ne conteste pas aux tribunaux le droit de discuter l'intention, mais encore faut-il que quelque élément de conviction permette de la déterminer.

Comment, moi, journal honnête, j'ai donné mes motifs, pourquoi ne pas me croire? Je ne vous crois pas, dites-vous? C'est là de l'arbitraire! de quel droit ne me croyez-vous pas?

L'exemple cité par M. l'avocat impérial et tiré de l'application de l'article 405 du Code pénal, à raison d'une souscription ouverte pour un personnage imaginaire, est un exemple très-mal choisi; je le prie de me dire si, lorsque le *Temps* ouvrait une souscription, c'était une fiction que Baudin était mort pour défendre la Constitution, si Baudin était un représentant imaginaire, si sa mort était une fable inventée à plaisir, si le 3 décembre n'a pas existé, si le sang de Baudin n'a pas coulé; M. l'avocat impérial a raison si ces faits sont faux. Son exemple pèche par la base.

Maintenant, si Baudin a existé, s'il est mort courageusement pour la défense des lois, comment le *Temps* a-t-il employé une de ces manœuvres proscrites par l'article 2 de la loi de 1858?

Vous avez justement défini les manœuvres, monsieur l'avocat impérial, je vous demande donc de me prouver la combinaison des moyens et l'artifice dans la conduite que le *Temps* a tenue; je ne saurais trop le répéter au tribunal, il est purement arbitraire de prêter au *Temps* d'autres motifs que ceux qu'il a donnés.

Quel est donc le but de la manœuvre? En supposant qu'elle existe, ce serait de troubler la paix publique. Je me demandais comment la prévention pourrait le soutenir, et je ne m'attendais pas à la raison donnée à l'appui. On voulait entretenir le public de Baudin jusqu'au 3 décembre, anniversaire de sa mort, afin de préparer ce jour-là une manifestation. Montrez-le-moi, prouvez-le; ce fait résulte-t-il d'une conversation, d'un article de ce journal, qui a annoncé qu'il allait clore la souscription? Eh bien! rien encore.

Au moins, dit-on, il a voulu exciter au mépris et à la haine du gouvernement! La discussion est ici plus délicate, mais je ne sortirai d'aucune des bornes que je m'imposerais à moi-même, si le journal *le Temps*, qui est un journal d'une opposition réfléchie, mesurée, très-ferme et très-sérieuse, et qui a toujours su respecter la loi (l'arrêt de la Cour de Paris rendu l'année dernière le prouve surabondamment), y a-t-il eu un fait qui puisse le faire supposer?

L'ouverture de la souscription! Mais elle est dans les idées du journal et il les a manifestées; vous voyez qu'il y a toujours, et de quelque côté que se retourne la prévention, même incertitude et même embarras.

Vous me direz bien que dans les journaux amis du pouvoir, dans les brochures commandées par le gouvernement, dans les livres d'histoire, on a rappelé les événements du 2 décembre; si on l'a fait, ce n'est que pour altérer l'histoire de ces jours tristement mémorables. Est-il possible de soutenir que, jusqu'ici, la presse indépendante ait eu la faculté de signaler ces faits comme ils devaient l'être!

Mais les huit jours! Vous savez, messieurs, comment ils se décomposent; vous connaissez les articles du 5, du 7 et du 9 novembre. Pourquoi donc supposer que le *Temps* a voulu exciter à la haine et au mépris du gouvernement, lorsque ce journal avait des motifs d'action légitimes et honorables? La souscription Baudin est une inspiration de ceux qui sympathisent avec lui et on dira qu'il n'a eu d'autre but que celui d'attaquer le gouvernement.

Permettez-moi de vous dire que cette polémique devenait bien humble en présence de la pensée qui inspirait la souscription.

A-t-il engagé les autres journaux à suivre son exemple? Non, et vous ne le soutiendrez pas. N'y avait-il pas d'ailleurs dans le courage de Baudin qui venait s'offrir à la mort le 3 décembre, au moment où la société était bouleversée, au moment où les pouvoirs publics étaient envahis, n'y avait-il pas là de quoi exciter les sentiments indépendants de la rédaction du journal le *Temps*? N'était-ce pas dans la nature de ses convictions?

Ah! mais, pourquoi attendre dix-sept ans et huit jours? huit jours surtout! car, dit M. l'avocat impérial, je passerais volontiers les dix-sept années; mais huit jours! On l'a dit et je répète, si dix-sept années se sont écoulées sans que l'on ait évoqué ce souvenir, c'est que jusqu'à ces derniers temps la presse était sous la dépendance de l'administration, et il n'est pas surprenant qu'elle ait agi aussitôt qu'elle a pu le faire, en vertu de la loi nouvelle. On a donc bien tort de s'étonner que l'on ait choisi un jour consacré au culte des morts pour honorer la mémoire d'un courageux citoyen.

Il est encore un point sur lequel il m'est impossible de ne pas m'expliquer. Je veux supposer que la souscription ait eu pour but d'attaquer le pouvoir qui avait envahi ces lois : tomberait-elle sous le coup de la loi de 1858? Il faut, pour résoudre ce point, se reporter à l'époque à laquelle a commencé le gouvernement actuel, c'est-à-dire au 2 décembre 1851. Le respect que je professe pour le suffrage universel m'a obligé à déclarer qu'à cette époque a commencé le gouvernement actuel.

Prenons-le plus haut si vous voulez et reportons-nous au 31 décembre 1851, à l'époque du plébiscite; mais entre cette date et celle du 2 décembre 1851, quelle loi, quel plébiscite, quel sénatus-consulte nous régissait? Aucun.

Les représentants étaient exilés, le pouvoir aboli, il n'y avait pas de Constitution, il existait un pouvoir de fait et la force dominait. Il y avait, dira-t-on, un lien personnel entre les gouvernements qui ont suivi et le pouvoir de fait de décembre 1851; ce lien ne fait pas qu'il y ait deux personnes à considérer; oui, la loi protége le souverain qui gouverne contre toute manœuvre actuelle, mais les événements qui précèdent le 21 décembre 1851 sont dans l'histoire, il n'y a pas de lien légal entre cette époque et le régime du jour.

M. LE PRÉSIDENT. — Permettez-moi, Me Dufaure, de vous faire une observation et de vous présenter un fanal pour que vous évitiez un écueil. A l'audience dernière, il y a eu une polémique excessive; aujourd'hui, à raison de l'affaire nouvelle dont le tribunal est saisi, vous n'êtes point appelé à y entrer; vous voulez distinguer entre les hommes qui ont présidé aux événements de 1851 et ceux qui sont aujourd'hui à la tête du gouvernement; prenez garde de le faire dans des termes qui dépasseraient les bornes de la modération et du respect dû aux lois du pays.

Me DUFAURE. — Le tribunal peut être convaincu que je ne veux rien dire de contraire aux lois; voici seulement ce que je voulais ajouter : Lorsque Louis XVIII est revenu en France, il n'était pas protégé par nos lois en tant que comte de Provence, il l'était comme roi; il en a été de même pour Charles X, qui n'était protégé par la loi que pour les offenses personnelles au roi des Français.

Avant le 21 décembre 1851 donc, les faits appartiennent à l'histoire, et, dans ma conviction, serait-il vrai que la souscription a été une provocation, cette provocation ne portait pas contre le gouvernement actuel; ce sont là des faits historiques qui ne tombent pas sous l'application de la loi de 1858.

Que reste-t-il donc de la poursuite? La souscription seule est une excitation à la haine et au mépris du gouvernement. Il se place une objection à laquelle je ne m'attendais guère, c'est le blâme, non pas de la presse française, mais de la presse étrangère. Puisque M. l'avocat impérial a cité le journal le *Times*, il m'est bien permis de signaler l'esprit dans lequel cette feuille est rédigée. Ce journal reçoit de Paris des correspondances très-régulières, qui toujours sont contraires à l'intérêt de la France; sa conviction était partagée par lord Palmerston, qui estimait que la France n'était pas faite pour un gouvernement parlementaire et libre; permettez-moi donc de vous dire que je proteste contre les inspirations de ce journal, et s'il fallait chercher des documents plus autorisés, je les trouverais dans le jugement rendu par le tribunal de Clermont-Ferrand; il est déjà attaqué par un journal, organe du ministère de l'intérieur, qui s'exprime en ces termes :

« C'est la première fois, depuis dix-sept ans, qu'un tribunal s'associe publiquement aux passions politiques et s'expose à recevoir les dangereux éloges des partis hostiles. Mais, expliqué comme il l'est, à nos yeux, par des circonstances locales qui lui enlèvent toute portée sérieuse, l'exemple des trois juges de Clermont n'aura pas d'imitateurs. »

Voilà comment les journaux officieux traitent la magistrature. Je gémis des excès de cette nature, mais les tribunaux ne se laisseront pas arrêter par ces considérations puériles, et déjà je reçois une dépêche télégraphique qui m'annonce que le tribunal d'Albi a rendu une semblable décision dans l'affaire du journal l'*Indépendant du Tarn*, sur la plaidoirie de mon confrère Me Ernest Picard.

Je vous en conjure, messieurs, que votre décision soit un nouvel avis donné au gouvernement de ne pas lutter contre l'érection d'un tombeau élevé à un citoyen courageux; on n'y lira aucune inscription, mais il rappellera, ce qui vaut mieux, tout ce que la mort de Baudin a eu d'héroïsme, sa noble conduite pourra servir de modèle à nos descendants, et ce monument transmettra son exemple à la postérité.

Audience du 28 *novembre* 1868

M. LE PRÉSIDENT. — Monsieur Weiss, en l'absence de Me Andral, qui devait vous défendre, vous avez demandé à présenter quelques observations. Désirez-vous prendre la parole?

M. WEISS. — Oui, monsieur le président. Je voudrais présenter moi-même toute ma défense. Cela est inusité et j'en demande pardon au tribunal. Mais ce n'est point ma faute. Les douloureux incidents qui ont rappelé inopinément Me Andral à Augerville...

M. LE PRÉSIDENT. — Vous avez la parole.

M. WEISS prend place à la barre :

Messieurs, quand j'ai demandé hier si, en dehors de la souscription, le tribunal avait à m'interroger sur quelque fait à ma charge qui prouvât que j'aurais agi *dans le but* de troubler la paix publique ou d'exciter à la haine et au mépris du gouvernement, M. le président m'a fait l'honneur de me répondre que c'est le ministère public qui me renseignerait là-dessus et que je n'avais qu'à attendre ses réquisitions. M. l'avocat général m'a, en effet, copieusement renseigné. Il m'a enfin appris ce dont je suis coupable. Je puis dire qu'il me l'a appris totalement puisque je l'ignorais complétement. Autant que j'ai pu comprendre M. l'avocat impérial, je me trouve affilié — sans le savoir — à une sorte de société mystérieuse et tumultueuse des pompes funèbres qui a pris à tâche d'agiter le cimetière Montmartre, le 2 novembre dernier, et qui se propose, à ce qu'il paraît, de l'agiter encore, et de la même façon, le 3 décembre prochain. Cette société a-t-elle de nombreuses ramifications? Probablement. Jusqu'ici pourtant, la justice ne paraît avoir découvert que trois membres actifs de cette société dangereuse, de cette conspiration funéraire à laquelle j'appartiens. Le premier l'honorable M. Gaillard père, si j'entends bien la prévention, a pour spécialité de chercher les tombes; le second, M. Peyrouton, prononce les oraisons funèbres, et le troisième, M. Gaillard fils est chargé de les mettre en alexandrins. Je dis que chacun d'eux a sa spécialité. Car évidemment s'il y a concert, on a assigné à chacun sa partie dans ce concert. Chacun a son rôle fixe, prévu d'avance, dont il ne se départ pas. Voilà ce qu'est obligé de supposer l'accusation, du moment qu'elle prétend qu'en tout ceci il y a concert délibéré de volontés. Cette société, la société dont je suis à mon insu, a entrepris une série d'opérations qui, suivant la thèse de M. l'avocat impérial, se superposent les unes aux autres comme des couches. Elle forme un réseau. Elle a des soldats; d'abord des soldats d'avant-garde et des éclaireurs, — ce sont MM. Delescluze, Peyrat et Duret, — ensuite des soldats de réserve, qui, au moment où le combat cède et fléchit, arrivent sur le terrain comme des troupes fraîches. Je suis, moi, avec mon honorable confrère M. Hébrard, la troupe fraîche. Je suis, moi et ma souscription, une couche par dessus une couche. Je me suis annexé au réseau. Par cela même, je me suis approprié tout ce que le réseau enserre; je deviens responsable de tout ce qui s'est fait et dit le 2 novembre, de tout ce qui se fera et dira le 3 décembre au cimetière Montmartre, prose et vers. Même les vers, messieurs, ah! cela est dur! M. l'avocat impérial, en accusant le *Journal de Paris* et le *Temps*, a exposé avec beaucoup d'urbanité et de modération les charges qu'il nous impute. Mais la modération et l'urbanité de la forme n'excluent pas, n'atténuent pas la gravité et la rigueur du fonds. Qu'a-t-il dit, en définitive du *Journal de Paris* et du *Temps*? Il a dit et soutenu, que nous avions ouvert notre souscription, à un moment tardif où la manœuvre faiblissait, où déjà le parquet pouvait espérer s'être rendu maître de la situation. Et nous l'avons ouverte, selon lui, avec le dessein bien arrêté — ce sont ses expressions mêmes, — « d'entretenir l'agitation jusqu'au 3 décembre » et de formuler pour ce jour-là — ce sont encore ses termes, — « un manifeste de révolution et de guerre civile. » Avais-je tort de dire que l'accusation, ainsi exposée est grave, qu'il ne peut pas y en avoir beaucoup de plus graves? Et cependant, voilà l'accusation dont j'ai à me disculper.

Vous vous doutez bien, messieurs, que je ne suis pas grand clerc en matière de droit. Je ne chercherai donc pas à éclaircir le droit, ce qui serait d'ailleurs inutile après l'éloquente et vigoureuse plaidoirie de Me Dufaure, après le commentaire serré, judicieux et spirituel que Me Durier vient de nous donner de la loi de sûreté générale. Je ne m'attacherai qu'aux faits et bien entendu aux faits qui me concernent, Or, voici mon embarras. La souscription mise à part, y en a-t-il des faits? Y a-t-il dans le réquisitoire que vous avez entendu hier, des faits précis, palpables, saisissables, qui attestent clairement, évidemment, juridiquement de ma part *le but* de troubler la paix publique et d'exciter à la haine et au mépis du gouvernement, par suite d'un complot concerté avec MM. Peyrat, Delescluze, Duret, Hébrard et les trois personnes arrêtées à propos de l'affaire du cimetière Montmartre? Des faits! des faits! qu'on nous en cite. Je me remets devant l'esprit le réquisitoire de M. l'avocat général et je n'en trouve pas un seul. Ah! si, j'en vois un! Je vois une espèce de circonstance précise qu'on allègue à ma charge. Le 3 novembre au soir, il a paru dans le *Journal de Paris* un récit fort circonstancié de ce qui s'était passé et peut-être même, comme il arrive quelquefois dans les journaux, de ce qui ne s'était pas passé au cimetière Montmartre. L'auteur de ce récit était M. Victor Noir. Là-dessus M. l'avocat impérial insinue ou semble insinuer que M. Victor Noir s'est rendu de sa personne, le 2 novembre, au cimetière Montmartre, sans doute avec la mission ou le dessin d'y nouer des relations ou affiliations pour le compte du *Journal de Paris*. D'ailleurs, remarque M. l'avocat impérial, le soin et l'art avec lesquels était rédigé cet article, attestent bien tout l'intérêt qu'attachait le *Journal de Paris* à la manifestation du cimetière Montmartre. Je dois d'abord remercier M. l'avocat impérial de l'éloge qu'il fait du style et de l'art soigneux de mon honorable collaborateur, M. Victor Noir, qui sera très-flatté et peut-être un peu surpris du compliment, Mais, voyons, entendons-nous bien! Reproche-t-on à M. Victor Noir d'être allé au cimetière Montmartre et d'y être allé avec une mission factieuse ou semi-factieuse, ou implicitement factieuse du *Journal de Paris?* En ce cas, il fallait le citer comme témoin à charge; nous aurions su tous à quoi nous en tenir. Je ne sais si mes souvenirs me trompent. Mais je crois bien que M. Victor Noir n'a même pas pris la peine de se rendre au cimetière Montmartre, et qu'il s'est borné à recueillir les renseignements et les bruits qui couraient dans Paris le soir du 2 et le matin du 3 sur l'affaire du cimetière Montmartre. Quant au *Journal de Paris* il a raconté le tumulte du cimetière Montmartre avec autant de détails qu'il en a su parce qu'un journal est un journal et raconte l'événement du jour. Puis-je être pour cela, moralement responsable de ce tumulte? Est-ce une preuve de l'intérêt personnel que j'y attachais? Quand j'ai raconté en 1867 l'arrivée du roi de Prusse à Paris, me suis-je rendu par cela même complice de notre politique de 1866 et de la conquête du Hanovre?

Pardonnez-moi, messieurs, d'avoir si longuement insisté sur un fait aussi mince que cet article du 3 novembre. Mais quoi! il fallait bien que je m'y arrête, puisque c'est le seul fait qui offre corps et à quoi on puisse se prendre. Ce fait ôté, que reste-t-il dans le réquisitoire de M. l'avocat impérial? Des raisonnements spécieux, et rien de plus. M. l'avocat impérial n'expose pas des faits, il construit des syllogismes. Oh! je ne l'en blâme pas! Où il n'y a rien, le roi perd ses droits, et le ministère public aussi. Qu'est-ce que toute cette accusation qu'on dirige contre nous? De légères vapeurs qu'on essaie vainement de rendre bien noires et de condenser. N'ayant pas de faits sérieux à alléguer, M. l'avocat impérial s'en tire par la dialectique. Sa méthode est toute simple. Il pose des principes et il en déduit, pour conséquence, notre culpabilité. M. l'avocat impérial se demande s'il est possible qu'on souscrive pour le monument à élever à M. Baudin, sans se proposer pour but de troubler la paix publique. Il répond, comme un axiome indiscutable, que ce n'est pas possible! Donc le *Journal de Paris* s'est proposé pour but de troubler la paix publique. M. l'avocat impérial se demande s'il est possible de participer à la souscription Baudin à un moment quelconque de la série « d'opérations » que suppose selon lui cette souscription, sans assumer et en quelque sorte sans réclamer la responsabilité de toutes les opérations antérieures et de toutes les subséquentes. Il déclare géométriquement que ce n'est pas possible. Donc, le *Journal de Paris* a participé au moins en essence à la manifestation du cimetière Montmartre. Pour un peu, on soutiendrait que c'est le *Journal de Paris* qui a prononcé les vers de M. Gaillard fils, et que c'est lui qui a crié *Vive la République!* M. l'avocat impérial pose enfin cette maxime, encore plus exorbitante, qu'il n'est pas possible de souscrire au monument de Baudin, sans nourrir des desseins pour le 3 décembre. Donc, le *Journal de Paris* vise, comme dernier terme de ses manéges, à la journée du 3 décembre. De sorte que, responsables des séditions passées, nous le voilà encore des séditions futures! Mais la preuve! encore une fois, la preuve, la preuve, la preuve! Où trouve-t-on, parmi toutes ces affirmations une ombre de preuve! On nous objecte le 3 décembre prochain. Ce 3 décembre dans les espaces est l'un des griefs les plus graves du ministère public. Mais, messieurs, vous avez entendu tout à l'heure M. Peyrat. Avec l'accent de la sincérité, il vous a déclaré qu'il n'a entendu parler pour la première fois du 3 décembre que par M. le juge d'instruction. Moins informé encore que M. Peyrat et plus malheureux que lui, c'est seulement à l'audience d'hier que j'ai appris tout ce que le 3 décembre attend de moi et tout ce que j'espère, à ce qu'il paraît, moi-même, du 3 décembre. Manifestation du 2 novembre d'une part, manifestation du 3 décembre de l'autre, c'est l'étau dans lequel il faut me prendre pour me trouver coupable. Mais il est par trop manifeste — et je rougirais d'insister là-dessus — que je suis aussi absolument étranger que possible à la première de ces deux manifestations. Et quant à la seconde, messieurs... quant à la seconde, c'est encore plus fort. On ne prouve même pas qu'elle soit projetée par personne. Avec la meilleure volonté du monde, comment peut-on être d'une manifestation qui n'existe pas?

Je serai de bonne foi, messieurs. M. l'avocat impérial pour établir le caractère délictueux de la souscription, a invoqué un autre ordre de preuves encore. Il a invoqué le sentiment public, le bon sens, le sens commun. Il a dit : C'est l'opinion de tout le monde, c'est le sentiment général que la souscription Baudin n'a été entreprise que dans le but de troubler la paix publique et d'exciter à la haine et au mépris du gouvernement. Et dès lors, qu'est-il besoin d'autres preuves? Je ne suis pas un criminaliste, messieurs, je vous le répète. Je ne sais pas si la vérité de sens commun, cette vérité courante de la conversation, qui ne se regarde jamais elle-même de trop près, je ne sais pas si cette vérité d'instinct, qui n'entraîne pas de conséquences pénales pour ceux contre qui elle se prononce, peut tenir lieu pour un tribunal de cette vérité juridique, sur laquelle se fondent vos jugements, et qui se traduit par des condamnations effectives. Mais enfin, je suis journaliste ; je relève de l'opinion ; j'en dois respecter plus qu'un autre les avertissements, et si le sentiment public se prononçait unanimement de la façon que vous a dit M. l'avocat impérial, j'avoue que je considérerais personnellement cette preuve tirée du sentiment public, du sens commun, comme l'une des plus fortes dont on pût arguer pour établir le caractère délictueux de la souscription. Mais l'assertion de M. l'avocat impérial est-elle bien fondée? A-t-il bien pesé tout ce qu'enferme ce mot de sentiment public? A-t-il bien calculé toutes les directions de l'opinion? M. l'avocat impérial vous a cité à ce propos l'opinion d'un journal étranger, le *Times*, dont l'autorité est européenne. Le *Times* dit sans ambages : « Personne ne peut douter que la souscription ne soit un acte de sédition, que la pensée de la souscription ne soit une pensée séditieuse. » Eh bien! puisque M. l'avocat impérial a cité un journal étranger, qu'il me permette de lui citer un journal français, le *Journal des Débats*, qui jouit par toute l'Europe d'une autorité aussi ancienne et d'une considération aussi établie que le *Times*. Le *Journal des Débats* est impartial dans la question. Il n'a pas pris part à la souscription; peut-être la condamne-t-il comme inopportune ; peut-être craignait-il, — ce qui est arrivé — qu'on ne s'en fît un prétexte pour réveiller la loi de sûreté générale qui n'est pas décidément la loi de sûreté des particuliers. Que disait, il y a deux jours, sur la souscription Baudin, et sur ce sujet du sentiment public, le *Journal des Débats*? « Quand il pleut et que tout le monde ouvre son parapluie, est-ce une manœuvre, est-ce une intelligence? » Ne sourions pas; sous une forme familière et vive, c'est toute la question, c'est tout le fond du débat, c'est, en trois mots, l'histoire de la souscription, du sentiment qui l'a inspiré, de l'opinion que le public s'en est faite; c'est aussi le total renversement de l'accusation.

Pour qu'il y ait concert, pour qu'il y ait manœuvres, il faudrait qu'il y eût quelqu'un qui eût de propos délibéré inventé le nom de Baudin et sa mort héroïque. Il faudrait à tout le moins qu'il y eût une personne spéciale qui eût inventé la souscription Baudin et qu'il y eût d'autres personnes qui se fussent ralliées à celle-là, en vertu d'un dessein froidement et mûrement conçu, après délibérations, débats et discussions. Or, je soutiens que quand la souscription Baudin a surgi, personne ne l'a inventée; pas plus que les gens qui ouvrent leur parapluie quand il pleut, n'ont inventé la pluie. L'accusation veut que M. Delescluze soit le promoteur de cette souscription. M. Delescluze lui-même semble croire que l'idée en est née le 2 novembre, sur la tombe de Baudin. L'accusation se trompe; M. Delescluze se trompe. La souscription n'est pas née ici ou là, elle n'a pas été entreprise par celui-ci ou par celui-là : elle est née partout et nulle part; elle a été faite par tout le monde et par personne. Après dix-sept ans, après ces dix-sept ans d'oubli qu'on nous reproche, sans compter, ou plutôt en comptant très-soigneusement une semaine aggravante par dessus le marché... Ah! messieurs! je m'interromps ici un instant pour répondre en ce qui me concerne à ce reproche tiré de la chronologie. Il y avait bien des raisons, dans ces dernières années, pour que je n'ouvrisse aucune souscription dans aucun journal, et la première de toutes qui me dispensera de vous donner les autres, c'est que pendant cinq ans, le ministère de l'intérieur m'a refusé l'autorisation de fonder ou d'acheter un journal, même un simple journal mensuel, qui ne fût occupé que d'instruction publique, d'histoire et de philosophie... Donc, après dix-sept ans, un livre paraît, éloquent par sa sécheresse même, qui raconte en détail la révolution du 2 décembre. Ce livre est rempli d'anecdotes et de faits édifiants auxquels, messieurs, je m'interdis de toucher ici. Parmi des révélations de tout genre que contient ce livre, se trouve un trait sublime qu'on s'attendrait plutôt à trouver dans une Vie de Plutarque que dans une histoire contemporaine. Aussitôt ce trait émerge. Après dix-sept ans, on ne distingue plus que ce trait dans les journées de décembre... Vraiment, ne vous en plaignez pas... Il règne d'ailleurs depuis deux années dans le pays une atmosphère morale dont, après tout, l'empereur des Français lui-même peut être rendu responsable, puisque de lui sont venus le décret du 24 novembre et la lettre du 19 janvier. Dans cet état de l'opinion et du sentiment général, on se répète le nom de Baudin. Les cœurs sont enflammés d'admiration; la conscience publique s'émeut. Il se crée une manœuvre des esprits et une intelligence des âmes. Oh! ici, je prendrai toutes les expressions les plus fortes que souhaitera le ministère public. S'il veut que je dise conspiration des esprits et des âmes, je dirai conspiration. Mais alors ce sont les esprits qu'il faut faire comparaître devant vous; ce sont les âmes qu'il faut faire asseoir sur ces bancs. On s'est donc dit : « Voilà une mort sublime. Donnons un signe matériel aux sentiments qui règnent dans nos cœurs. Elevons un monument. » Ce que tout le monde se disait, il a bien fallu que quelqu'un l'imprimât le premier. Ç'a été M. Delescluze et il y a gagné six mois de prison. (*Mouvement.*) Je demande pardon au tribunal si j'ai dit quoi que ce soit qui l'offense. Le tribunal comprend que je ne sache pas très-bien les formes dont on doit user devant lui. Je n'ai pas l'habitude des audiences...

M. LE PRÉSIDENT. — On ne s'en douterait pas. Sous une forme qui vous est propre, vous vous défendez avec beaucoup de convenance. Le tribunal ne vous interrompt point. Continuez.

M. WEISS. — Je regrette d'autant plus vivement le malheur de M. Delescluze qu'il aurait pu arriver à tout autre que lui. Tout autre que lui aurait pu ouvrir, comme lui, la souscription. Enfin n'importe. Qui que ce soit qui ait ouvert la souscription, la voilà ouverte. Le nom de Baudin est jeté dans le public; il circule et vole de bouche en bouche; et c'est ici que je reviens à l'argument irréfragable de mon éminent confrère, M. Prévost-Paradol, dans le *Journal des Débats* : « Quand il pleut et que tout le monde ouvre son parapluie, est-ce l'effet d'une manœuvre ou d'une intelligence? Ne faudrait-il pas, au contraire, un accord préalable et une résolution commune pour que chacun reçût la pluie sans se couvrir? » Il y a eu tout à coup comme une pluie, une explosion de l'admiration publique. Nous en avons tous été submergés. Quand il se crée de ces courants d'opinion, n'est-il pas rigoureusement juste de dire, avec le *Journal des Débats*, que c'est pour ne pas s'y associer qu'il faut manœuvrer et s'ingénier? Tenez; il existe jusque dans ce barreau des hommes politiques distingués ou éminents, certes plus enfoncés dans l'opposition démocratique que le *Journal de Paris*, infiniment plus rapprochés que lui des opinions que professait Baudin. Ils ont résisté à la souscription. Eh bien, je gage que, pour y résister, ils ont dû longuement délibérer, soit avec eux-mêmes, soit avec leurs amis. Au lieu de se dire bonnement et franchement devant la mort de Baudin et le mot dont elle a été accompagnée : « Cela est héroïque! Cédons à l'instinct et à l'inspiration de l'héroïsme! Souscrivons; » Ils se sont mis à peser le pour et le contre; ils se sont dit à eux-mêmes, ils ont demandé aux personnes prudentes dont ils consultent les lumières : « Cette souscription est-elle bien appropriée aux circonstances? Ne va-t-elle pas effrayer les timides qui commençaient à venir à nous? Est-ce une bonne manœuvre électorale? Serai-je encore libre après avoir souscrit, d'entretenir des intelligences avec telle ou telle nuance de l'opinion conservatrice, plus ou moins puissante dans mon département? » Et finalement, ils ont résolu de ne pas souscrire, mais après combien de pas et de démarches, peut-être de tours et de détours, après combien de manœuvres enfin! Nous, nous avons souscrit d'instinct, sans réflexion, sans délibération, portés et entraînés par le flot. Je ne m'excuse point pour le *Journal de Paris* de ce qu'il s'est fait l'écho de l'émotion des esprits. Mais c'est l'émotion des esprits qui nous a tous poussés en avant. Nous ne sommes pas des agitateurs de l'esprit public; l'esprit public est venu nous chercher et nous envahir pour nous agiter malgré nous. Nous n'avons pas imposé la souscription; elle s'est imposée à nous. Cette souscription, messieurs, personne de nous, en vérité, n'en a l'honneur; personne n'en a le crime.

Le ministère public le sait bien. Ou plutôt il le soupçonne. C'est ici, messieurs, l'un des points de cette cause, les plus dignes de votre attention. Oui, j'ai le droit de dire, sans aucune intention blessante, que le ministère public lui-même n'est pas complétement certain que l'interprétation donnée par lui à la loi de sûreté générale, soit pleinement légitime. Et ce qui le prouve, ce sont, je ne dirai pas les inconséquences, mais les tâtonnements et les incertitudes de la poursuite. Je ne voudrais pas augmenter le nombre de ceux que peut atteindre la loi de sûreté générale. Il n'y a déjà ici et par toute la France qu'un trop grand nombre de prévenus. Mais, étant donné le principe de la poursuite, si je suis étonné d'une chose, c'est qu'il n'y en ait pas beaucoup plus encore. Les souscripteurs, messieurs, qu'est-ce que le parquet fait d'eux? Il me semble — étant donné, je le répète, le principe de la poursuite, — que le journal, qui, sans inviter directement personne à souscrire, s'est contenté de déclarer qu'il accueillerait et noterait les souscriptions qu'on voudrait bien lui apporter, qui n'a fait ainsi que prêter ses colonnes, est en somme moins coupable que les souscripteurs eux-mêmes, surtout quand ceux-ci, en envoyant leurs noms, accentuent leur souscription et l'expliquent dans quelque lettre véhémente. Sans souscripteurs, pas de souscription! sans manœuvriers, pas de manœuvres, pas d'intelligences possibles! C'est incontestable! M. l'avocat impérial vous a lu la note en date du 8 novembre, par laquelle j'ai annoncé l'ouverture dans les colonnes du *Journal de Paris*.

En arrivant à ce passage : « Plusieurs de nos amis nous ayant témoigné le désir de s'associer *dans nos colonnes* à l'œuvre dont l'*Avenir national* et le *Réveil* ont pris l'initiative..., » sa voix a pris une inflexion particulière, une inflexion en quelque sorte plus accusatrice. Inflexion juste, messieurs, inflexion légitime, étant accepté, je ne me lasse pas de le redire, le principe de la poursuite. Car dans tout ce que j'ai écrit au *Journal de Paris* depuis le 3 novembre, vous ne trouverez guère que ces mots : « *Plusieurs de nos amis nous ayant témoigné le désir* » qui puissent être à la rigueur comme une sorte d'aveu matériel, comme une espèce de preuve d'un commencement de manœuvres, d'intelligences, de volontés qui se concertent. Je le confesse, alors que je ne songeais pas encore moi-même à ouvrir de souscription publique, plusieurs personnes qui veulent bien honorer le *Journal de Paris* de leurs sympathies sont venues me trouver pour me solliciter de l'ouvrir. D'une part, cet instinct spontané d'admiration, dont je parlais tout à l'heure, les portait à souscrire pour le monument Baudin. D'autre part, elles se faisaient scrupule de souscrire, dans les colonnes même de l'*Avenir national* ou du *Réveil*, et cela par des motifs dont ni le *Réveil* ni l'*Avenir national* ne sauraient s'offenser par ce que ce sont des motifs intimes de conscience politique, parce que chacun a le droit, dans une occasion comme celle-ci, de respecter ses antécédents de parti et de réserver la tenue particulière de ses opinions. C'est pour sortir de cet embarras qu'elles sollicitent un journal ami de leur ouvrir ses colonnes, et ce journal ne croit pas qu'il soit de bonne politique de se soustraire à leur vœu. Est-ce là la manœuvre? Le ministère public prétend-il que ce soit là la manœuvre? Mais alors, la manœuvre, est-ce moi qui l'ai faite? Ou bien, n'est-ce pas plutôt les personnes que je désignais dans mon numéro du 18 novembre 1868, sous la formule implicite : « Plusieurs de nos amis? » Pourquoi donc n'avez-vous pas recherché les noms de ces personnes? Pourquoi ne sont-elles pas accusées avec nous? Pourquoi les participants les plus illustres et par conséquent les plus dangereux à la manœuvre, sont-ils épargnés? Pourquoi ne vois-je pas ici ces anciens députés et ces membres de l'Institut qu'un mouvement involontaire d'admiration a entraînés dans le même délit que nous? Pourquoi Me Dufaure est-il à la barre défendant M. Hébrard, et non pas assis avec M. Hébrard sur le banc des prévenus? Pourquoi n'avez-vous pas mandé de son lit de douleur à cette place, le grand orateur qui expire peut-être en ce moment même? Ah! vous n'avez pas voulu troubler les derniers moments de cette belle vie, et tout le monde doit vous en féliciter. Mais enfin quels sont les motifs qui vous ont fait agir ainsi? Mais voici qui est encore plus propre à nous embarrasser, nous qui cherchons pourquoi et comment nous sommes coupables, lorsque tant d'autres sont innocents. Hier, M. Pelletan, député au Corps législatif, est venu sous la foi du serment et en qualité de témoin, déclarer devant vous qu'il est l'inspirateur politique de la *Tribune;* que c'est lui le premier qui a voulu que la *Tribune* ouvrît la souscription Baudin, qu'il a sur ce point poussé M. Théodore Duret en avant et qu'il est par conséquent le coupable, autant et plus que M. Théodore Duret! S'il s'agissait ici d'un délit de presse, M. l'avocat impérial pourrait répondre que M. Théodore Duret est gérant de la *Tribune*, que, par conséquent, il est aux yeux de la loi le principal auteur du délit, et que c'est tant pis pour lui s'il n'a pas résisté à l'impulsion de M. Pelletan. Mais vous ne nous poursuivez pas pour délit de presse! Ce que vous incriminez, chez M. Théodore Duret comme chez nous, ce n'est pas un article imprimé et publié, c'est un acte, que vous supposez connexe à d'autres actes, inséparable d'eux et, par conséquent, délictueux comme eux. Cet acte, M. Pelletan proteste, — et il n'y a pas à se méprendre aux termes fort nets et fort explicites de sa protestation, — que c'est lui qui l'a commis, c'est lui qui en a été le promoteur. Il a précipité

M. Théodore Duret dans la souscription Baudin... (*Ici M. Théodore Duret fait un geste de réclamation.*) Oh! que M. Théodore Duret me comprenne bien! Je sais, je crois qu'il se serait bien précipité tout seul. Cependant, en fait, c'est M. Pelletan qui a organisé la manœuvre. Il vous l'a dit; vous ne l'ignorez plus. Et pourtant vous n'informez pas contre lui! Et le prévenu, ce n'est pas M. Pelletan, c'est M. Duret! Comment voulez-vous que nous nous y reconnaissions?

Mon embarras redouble quand, laissant de côté les souscripteurs, j'arrive aux journaux eux-mêmes. Je sais l'objection de M. l'avocat impérial, et je n'en méconnais pas la valeur. Le ministère public poursuit ou ne poursuit pas. La loi lui confère à ce sujet une pleine puissance et il ne doit compte à personne de l'usage qu'il en fait. J'examinerai tout à l'heure si cette doctrine, assurément irréfutable, suffit pour résoudre toutes les difficultés de la cause présente, je ne dis pas aux yeux du profane vulgaire dont l'opinion n'a rien à faire ici, mais encore devant vous, messieurs, qui examinez tout au point de vue strictement juridique! Je me borne pour le moment à constater, en serrant rigoureusement les faits, comment a procédé la poursuite. Tout à l'heure, je tirerai les conséquences. Mais avant que je compare le cas du *Journal de Paris* poursuivi au cas d'autres journaux non poursuivis, souffrez que je compare d'abord mon propre cas à mon cas. J'ai pris la liberté, M. le président, dans mon interrogatoire d'hier, de vous faire remarquer que la qualification des circonstances de mon délit avait notablement changé entre ma compuration devant M. le juge d'instruction le 19 et l'assignation qui m'a été adresée le 27 à la requête de M. le procureur impérial. Aux termes de l'assignation, je suis inculpé « d'avoir à Paris, en novembre 1868, *et depuis le neuf novembre*, pratiqué des manœuvres à l'intérieur dans le but de troubler la paix publique et d'exciter à la haine et au mépris du gouvernement. » Devant le juge d'instruction, je n'ai été interrogé en somme que sur l'unique numéro du *Journal de Paris* qui a été saisi, numéro daté du 18, mais je prie le tribunal de le remarquer, paru à Paris le 17 au soir. Dans le dossier de mon affaire, que M. l'avocat impérial a bien voulu mettre hier à ma disposition, je ne vois en effet figurer comme pièce à l'appui que ce numéro daté du 18, publié et saisi le 17. Mais que je sois poursuivi pour cet unique numéro ou que je le sois pour l'ensemble des numéros, depuis celui daté du 9, qui a paru le 8, les contradictions de l'affaire ne font que changer de face; elles restent dans l'une et l'autre hypothèse aussi fortes.

Suis-je poursuivi uniquement pour le seul numéro qui a été saisi? Voyez en ce cas, messieurs, la bizarrerie de ma situation et la singularité de la poursuite. Vous voudrez bien remarquer que ce numéro saisi, contient ma dernière liste. Dès le 14 novembre, avant votre jugement de ce jour-là, et non le 15, après votre jugement du 14, comme M. l'avocat impérial l'a dit en prenant par une erreur bien excusable, le jour dont le journal est daté pour le jour où il paraît, dès le 14 novembre, j'avais annoncé la clôture de la souscription pour le 17. Close virtuellement, moralement le 14, ma souscription est fermée matériellement le 17. Et c'est ce jour-là qu'on me saisit! C'est pour le numéro où je ferme la souscription que je suis appelé devant M. le juge d'instruction et inculpé! C'est alors seulement que M. le juge d'instruction me reproche mes manœuvres et que selon les expressions mêmes que vous trouverez dans mon interrogatoire, il m'objecte que « ma persistance » après ce jugement rendu le 14, « affirme énergiquement mon but de troubler la paix publique. » Ainsi, pendant tout le temps que la souscription est ouverte, du 8 au 14 et 17, on me laisse faire; le jour où j'arrête de moi-même et spontanément ma souscription, on juge nécessaire d'user de la force des lois pour l'arrêter. On m'accuse d'énergie, presque séditieuse, quand je rentre dans le repos! On me signale ma persistance quand je ne persiste plus! Pendant huit jours, je manœuvre publiquement, si manœuvres il y a; on ne me poursuit ni me saisit. Le huitième ou le dixième jour, je cesse de manœuvrer, c'est ce jour-là qu'on me saisit et qu'on me poursuit! Suis-je au contraire poursuivi non pas pour le numéro paru le 17, mais pour l'ensemble des numéros parus depuis le 8, non sous le prétexte de ma persistance censément prouvée par le fait que je ne persiste pas, mais pour l'ouverture de la souscription et la publication des listes? Je me demande alors pourquoi huit ou dix journaux qui sont dans le même cas que moi, tant en province qu'à Paris, n'ont pas été inquiétés. Je pourrais vous citer à Paris, *le Siècle* et *l'Electeur*, en province *la Gironde* de Bordeaux, *le Contribuable* de Rochefort, *le Courrier de la Rochelle, le Suffrage universel* de Caen, *le Journal de Langres*, que sais-je encore? Je ne m'attache qu'à comparer ma situation à celle du *Siècle* et à rechercher si ma situation à moi qui suis poursuivi, n'est pas légalement et moralement meilleure que celle du *Siècle*, qui n'est pas poursuivi. *Le Siècle* a ouvert, lui aussi, la souscription. Il l'a ouverte en ces termes le 11 novembre au matin :

Baudin est mort le 3 décembre 1851 pour la défense de la Constitution, confiée par l'Assemblée nationale à la garde et au patriotisme de tous les Français. (Article 110 de la Constitution du 4 novembre 1848.) A quelque opinion qu'on appartienne, une telle mort impose le respect...

Ces termes sont équivalents à ceux dont je m'étais servi moi-même le 8 novembre. Où est cependant la différence entre *le Siècle* et moi? Pourquoi est-ce que j'ai le droit de prétendre que ma situation est meilleure à tout point de vue que celle du *Siècle?* Le voici! Six ou huit jours après avoir ouvert ma souscription, je l'ai close ainsi que je vous l'ai dit, messieurs, ainsi que j'aurai l'honneur de vous le dire encore, de mon plein gré. Au 14 novembre, la souscription du *Journal de Paris* était virtuellement terminée; au 14 novembre, la souscription du *Siècle* restait virtuellement ouverte; aucun avis de ce journal n'en avait annoncé le terme; elle pouvait passer pour indéfiniment ouverte. J'ai borné la souscription par une décision libre et spontanée. *Le Siècle* ne s'est arrêté que contraint et forcé; il s'est arrêté, soit devant la saisie du *Temps* et du *Journal de Paris*, soit devant un avis du parquet...

M. L'AVOCAT GÉNÉRAL. — Il n'y a pas eu d'avis du parquet.

UN DES AVOCATS DE LA CAUSE. — Il y en a eu dans quelques villes.

M. WEISS. — Oui; il y a eu des avis de ce genre en province.

M. L'AVOCAT GÉNÉRAL. — C'est possible. Nous ne sommes pas ici en province. Nous sommes à Paris, et à Paris il n'y a eu pour personne d'avis du parquet.

M. WEISS. — Soit! C'est alors devant la saisie du *Temps* et du *Journal de Paris* que s'est arrêtée au *Siècle* la souscription, close antérieurement et volontairement au *Journal de Paris*. Dès lors, comment s'expliquer la différence de traitement pour le *Journal de Paris* et *le Siècle?* M. l'avocat impérial a répondu d'avance sur ce point dans son réquisitoire. Il a allégué que le parquet, d'après la loi et la jurisprudence, est maître souverain des poursuites. Il ne me siérait pas de m'élever contre cette doctrine. C'est une maxime salutaire de notre droit criminel, c'est un grand principe d'ordre public et d'ordre social qu'en ce qui concerne la question de déterminer quand il faut poursuivre et quand il ne faut pas poursuivre, le parquet doit rester pleinement libre de ses résolutions. Mais cette toute puissance que la loi confère au parquet, dans l'intérêt de tout le monde, M. l'avocat impérial m'accordera bien que, selon l'esprit de la loi, le parquet n'en doit pas user simplement selon son bon plaisir, et il va sans dire que ce n'est pas selon son bon plaisir qu'il en use! Puissance souveraine et discrétionnaire, oui! Puissance arbitraire et despotique, non! C'est avec discernement, selon de certains motifs raisonnables et selon de certaines règles dont il ne doit compte à personne, mais qui n'en inspirent pas moins sa conduite, que le parquet se sert de cette puissance discrétionnaire. Il n'agit en un mot, soit qu'il poursuive, soit qu'il ne poursuive pas, que pour des raisons de bon gouvernement et de bonne justice. Mais nous est-il interdit, à nous autres particuliers, bien qu'il ne nous doive pas de compte de sa conduite, de chercher à nous en rendre compte nous-mêmes? Nous est-il interdit de nous troubler quand, avec la meilleure foi du monde, nous ne pouvons pas nous expliquer les variations ou les nuances de cette conduite? Si le parquet n'a poursuivi ni *le Siècle*, ni les autres journaux que je vous ai nommés tout à l'heure, ni la masse des souscripteurs, ni les auteurs de souscription, accompagnées de lettres qui en marquent et en accentuent le sens, ni M. Pelletan lui-même, malgré son éclatante confession d'hier, c'est, j'en suis convaincu, qu'il a jugé dans sa conscience que de telles poursuites manqueraient de justice et d'équité, ou que l'opportunité politique leur manquerait. Comment donc était-il opportun, comment donc était-il nécessaire de poursuivre le *Journal de Paris?* Comment concevoir que n'hésitant pas devant nous, le parquet reste hésitant devant tant d'autres! Comment l'expliquer, si ce n'est parce que cet article 2 de la loi de sûreté générale, dont il requiert contre nous l'application, est bien vague et bien obscur, même pour lui! Rien n'est plus dangereux, en matière criminelle, que les lois sans précision, et il ressort trop évidemment de la conduite du parquet et de la marche incertaine des poursuites que la précision fait défaut à l'article 2. Voilà où j'en voulais venir; voilà la conclusion que je voulais tirer de toute cette longue et subtile discussion. L'art. 2 étant déjà par lui-même si vague et si obscur, vous ne voudrez pas en étendre la portée par une jurisprudence, qui serait encore plus obscure et plus vague. Votre sagesse et votre équité s'y refuseront également.

Le ministère public, messieurs, a soigneusement exposé les prétendus motifs qui m'ont fait agir. En dehors des motifs qu'il me suppose, ne puis-je en avoir d'autres? Et ces motifs innocents, était-il si difficile au parquet de les découvrir, croira-t-on qu'il me sera si impossible de les établir? J'arrive ici à ce que ma défense peut et doit avoir de plus personnel. Le ministère public est allé chercher des arguments contre le *Journal de Paris* jusqu'au delà de la Manche. Il vous a traduit et cité *le Times*. Il eût été cependant plus simple, sans faire de si lointains voyages, de s'en tenir au *Journal de Paris*. Puisque M. l'avocat impérial a convenu qu'en matière de presse, le grand avantage pour un tribunal, c'est qu'il a sous les yeux des documents écrits, indéniables, où se montrent et où sont fixés les intentions, les passions et les sentiments de l'homme qui les a écrits, il trouvera bon que ce soit avec des documents de ce genre que j'achève ma défense. Ses intentions, le *Journal de Paris* n'a presque pas cessé un seul jour de les exposer avec une entière franchise. Depuis le 3 novembre, il ne s'est pas écoulé un seul jour que le *Journal de Paris* ne mît en quelque sorte à nu devant ses lecteurs le fond de son âme. Le 6 novembre, nous parlons pour la première fois de la souscription Baudin, à propos d'une note de *la Gazette des Tribunaux*, et voici comment nous nous exprimons :

> *La Gazette des Tribunaux* annonce qu'une instruction est commencée : 1° au sujet de la manifestation du 2 novembre au cimetière Montmartre; 2° au sujet de la souscription publique que *l'Avenir national* et *le Réveil* ont ouverte pour élever un monument funèbre à la mémoire du représentant Baudin, tué sur la barricade de la rue Sainte-Marguerite-Saint-Antoine, le 3 décembre. Il est à supposer que sur ce second point *la Gazette des Tribunaux* se trompe. « L'acte d'élever un monument sur la place où « reposent les restes du représentant Baudin, nous semble, par lui-même, « légalement irrépréhensible, » encore qu'il implique un certain jugement et une certaine opinion sur les événements des 2 et 3 décembre. »

Dès le 6 novembre, par conséquent, nous avons défini l'acte auquel nous devions concourir le 8, et avant même de savoir si nous y concourrions. Et, l'acte ainsi défini, « *l'acte d'élever un monument sur la place où reposent les restes du représentant Baudin,* » je défie qu'on prouve qu'il n'est pas irréprochable, aussi irréprochable que l'a été autrefois l'acte d'élever un monument au général Foy. Le 8 novembre, nous ouvrons la souscription... Je dis, messieurs, le 8 novembre. Toujours par la confusion que je signalais tout à l'heure, M. l'avocat impérial vous a dit le 9. C'est le 8; la distinction est importante. Car si M. l'avocat impérial veut bien consulter ses souvenirs, c'est le 9 seulement, non le 8, que nous avons pu connaître l'assignation lancée contre le *Réveil* et l'*Avenir national*. Nous ouvrons donc la souscription le 8 novembre, dans quels termes :

> « Le représentant Baudin est mort, selon la belle et simple expression des temps antiques, pour la patrie et pour la liberté. »

Y a-t-il quelqu'un qui conteste que la mort du représentant Baudin doive ou puisse être ainsi jugée? l'a-t-on jamais contesté? Non! Voilà donc le point de départ; il est incontesté comme il est incontestable. Tout le reste s'ensuit. (*Mouvement.*)

Je reprends la citation et je la continue :

« Le représentant Baudin est mort, selon la belle et simple expression des temps antiques, pour la patrie et pour la liberté. De la part du *Journal de Paris*, de la part de tous ceux qui pensent et sentent comme lui, l'hommage public qui sera rendu à la mémoire du représentant Baudin, *n'est et ne peut être* qu'un hommage rendu à la liberté et à la patrie dans la personne de l'héroïque citoyen qui a voulu mourir pour elles. »

N'est et ne peut être! Cette déclaration est formelle. *N'est et ne peut être.* Des termes ainsi conçus spécifient le but, et ils excluent tout autre but que celui qu'ils spécifient. Notre dessein est rigoureusement déterminé par notre déclaration publique. De quel droit le parquet nous en attribue-t-il un tout différent? où est la preuve que nous en ayons conçu un autre? où est le fait qui infirme nos paroles?

Le 11 novembre, en répondant autant qu'il nous en souvienne au *Pays*, nous revenons sur la même déclaration en termes plus explicites encore :

« Ce qui est encore plus fâcheux que la situation où s'est mis le gouvernement, c'est celle où il risque d'engager la magistrature elle-même. A-t-on la prétention, comme l'a insinué l'*Indépendance belge*, que le tribunal de première instance de la Seine, la Cour impériale de Paris, la Cour de cassation, soient mis en demeure non-seulement de couvrir du bouclier de la loi l'acte du 2 décembre, mais de l'identifier avec la loi elle-même dont ces corps augustes sont les interprètes et les organes? En ce cas, la magistrature française, depuis son institution, n'aura jamais été exposée à pareille épreuve. Absoudre le coup d'Etat du 2 décembre ou, selon l'expression que préfère le *Pays* et que la réalité des faits ne dément pas, le consacrer souverainement, la nation française l'a pu par un acte de sa volonté. Mais est-il au pouvoir d'aucune cour de justice de le *légaliser?* »

Ces lignes que je viens de vous lire, messieurs, ces lignes irréprochables, puisque vous avez pu en écouter la lecture, sont les seules, — je vous le fais remarquer en passant, — que le *Journal de Paris* ait écrites sur la journée du 2 décembre, pendant tout le temps qu'a été ouverte la souscription Baudin : tant nous cherchions peu à exciter les esprits par des discussions passionnées! tant c'était peu notre but! Ce n'est point que le *Journal de Paris* reconnaisse que, s'il ne s'interdisait pas lui-même par patriotisme tous débats sur des souvenirs de ce genre, on eût le droit de les lui interdire. L'histoire du 2 décembre est enseignée dans les lycées à la jeunesse française, ni plus ni moins que celle des rois de Rome; notre droit est donc aussi entier sur les faits et les événements de cette journée, et, chose plus bizarre! il est de même nature que notre droit sur les faits et gestes de Numa Pompilius et des deux Tarquins. De ce droit nous n'avons pas voulu user, et nous avons dit pourquoi dans cette même réponse au *Pays* :

Nous n'insistons pas. « Ce sont là des sujets que notre patriotisme redoute « et fuit, même quand ils s'imposent à lui, bien loin que nos passions de parti « les recherchent. » Lorsque nous avons ouvert dans nos colones la souscription en l'honneur du représentant Baudin, « c'est le langage de l'histoire « que nous avons voulu parler, c'est le dévouement à la loi que nous avons « voulu honorer, c'est la liberté de l'admiration que nous avons voulu re- « vendiquer, c'est le droit que nous avons voulu maintenir, ce n'est pas la « guerre civile que nous ni nos confrères avons songé à ranimer. » La guerre civile! Ah! le gouvernement impérial, inspiré par un ministre sans prudence, en a pu inscrire la mémoire dans le programme d'études des lycées de l'empire! Ce n'est pas chez nous qu'il en verra jamais réveiller les malheureux souvenirs.

Le 13 novembre, le 22 novembre, nouvelles déclarations du *Journal de Paris* encore plus accusées dans le même sens. Je ne veux point, messieurs, vous en imposer la fatigante lecture. M. l'avocat impérial peut relire tous ces textes si précis et si clairs, dont la plupart remontent à un moment où nous paraissions ne devoir être l'objet d'aucune poursuite et où, par conséquent, rien ne nous obligeait à donner ces commentaires de notre souscription : il n'y trouvera pas une phrase, une ligne, un mot, une syllabe qui tende au but que nous attribue l'accusation.

Le *Journal de Paris* a donc rigoureusement déterminé le caractère de sa souscription! S'est-il contenté de cette précaution? Non. Le *Journal de Paris* a écarté encore toutes les souscriptions motivées, celles-là même qu'il aurait dû être le plus tenté d'accueillir, celle même de M. Berryer. La lettre par laquelle M. Berryer adhérait à la souscription, cette lettre d'une brièveté sublime, qui sera, nous le craignons tous en ce moment, le testament politique du grand citoyen qui l'a écrite, avait été adressée au *Journal de Paris*. Elle était pour nous une bonne fortune et un honneur. Cette bonne fortune, nous avons dû la repousser. Cet honneur, nous nous y sommes dérobés. Je ne rappellerais pas ce fait devant vous, s'il n'était tombé dans la publicité par une circonstance indépendante de ma volonté. Un journal nous l'a reproché comme une faiblesse. Ce journal est de ceux qui reprochaient sévèrement à M. Dufaure, il y a deux mois, d'avoir opposé, le 13 juin 1849, la force légale à la force insurrectionnelle et que M. le ministre de l'intérieur (ou ses agents) faisaient répandre à profusion, dans l'arrondissement de Toulon, sans doute pour y affermir la paix publique et pour y exciter les citoyens au respect et à l'amour des lois. Que le tribunal me permette de rappeler comment j'ai répondu. C'est une partie nécessaire de ma défense et ce sera ma dernière citation.

« Il y a deux circonstances qui déterminent le caractère strictement légitime et légal de notre conduite en cette affaire. La première de ces circonstances, c'est que nous nous sommes imposé pour règle de repousser toutes les souscriptions motivées qui pourraient nous être adressées, par la raison que nous prétendions ne donner au parquet aucune prise de chercher à notre souscription d'autres motifs que ceux que nous avions exposés nous-mêmes dans notre numéro du 8 novembre, et, malgré notre respect profond pour M. Berryer, malgré l'honneur qu'il nous faisait en nous adressant sa lettre et auquel personne ne pouvait être plus sensible que nous, nous n'avons voulu ni pu nous départir de cette règle absolue, même pour M. Berryer. La seconde, c'est qu'après avoir ouvert notre souscription, les premiers dans la presse en dehors du *Réveil* et de l'*Avenir national*... »

(*Ici M. Weiss se tourne vers le banc des prévenus.*) Je vous demande pardon, mon cher monsieur Peyrat, d'avoir dit *en dehors* de l'*Avenir national*. Mais toute la tactique de l'accusation consiste à nous mettre tous *dedans les uns les autres*. Vous comprenez que je tâche de mon mieux à me mettre *dehors* et à vous y mettre aussi. (Rires dans l'auditoire.)

M. PEYRAT. — Je ne m'en plains pas. En vous défendant vous-même, vous nous défendez tous et fort bien.

M. WEISS reprend sa lecture :

« La seconde circonstance qui détermine notre conduite, c'est qu'après avoir ouvert notre souscription, les premiers dans la presse en dehors du *Réveil* et de l'*Avenir national*, nous en avons, les premiers aussi, annoncé la clôture. Il n'entrait pas, en effet, dans notre plan de la laisser indéfiniment ouverte et de nous donner ainsi aux yeux du public patriotique et sage qui nous lit le tort de paraître chercher à entretenir, au sujet du 2 décembre, une agitation des esprits que nous aurions bien plus envie d'entretenir au sujet des déviations de notre politique étrangère depuis huit ans. Nous avons donc, d'une part, ouvert une souscription et nous l'avons maintenue ouverte jusqu'au jour fixé par nous, pour la clôture, simplement pour user de notre droit et sans nous soucier de savoir si nous pourrions être accusés par le *Pays* de jeter ainsi un défi au gouvernement. Nous avons, d'autre part, pris soin de rester dans les limites de notre devoir et de ne point violer les règles que nous nous étions posées, sans nous préoccuper de savoir si nous serions taxés de faiblesse par le *Progrès* de Lyon. »

Vous venez de l'entendre, messieurs. Non-seulement le *Journal de Paris* a pris soin de déterminer le caractère de sa souscription, mais encore il en a limité la durée. Je tiens à répéter qu'il l'a limitée librement par la Note du 14 novembre, ainsi conçue :

« La souscription que nous avons ouverte le 8 novembre a suivi son cours régulier pendant huit jours. Nous n'avons pas l'intention de la prolonger au delà du terme moralement nécessaire pour donner à ceux de nos lecteurs qui croiront devoir y adhérer le temps de nous envoyer leurs souscriptions. En conséquence, nous avons l'honneur de prévenir nos lecteurs que la souscription pour élever un monument à la mémoire du représentant Baudin, sera close dans nos bureaux mardi prochain, 17 novembre. »

M. l'avocat impérial ne veut voir dans cette Note qu'un moyen de me ménager une retraite honorable, tandis que M. le juge d'instruction, pour avoir conformé ma conduite à cette Note, m'a taxé d'énergie et d'obstination séditieuse. M. l'avocat impérial, renouvelant la confusion involontaire des dates, que je vous ai surabondamment expliquée, prétend que j'ai sonné la retraite devant votre jugement. J'aurais cédé sans honte, messieurs, à votre jugement du 14, s'il avait interdit nettement la souscription, et ce ne serait pas à M. l'avocat impérial qu'il conviendrait de me faire un grief d'y avoir cédé. La vérité est que votre jugement a été rendu le 14, vers six heures de l'après-midi, et que le numéro du *Journal de Paris*, fermant la souscription, a paru le 14, à quatre heures et demie. Le *Journal de Paris* a donc clos la souscription de lui-même, avant tout jugement et avant toute saisie. Son motif, il vous l'a dit : il ne voulait point paraître chercher à exciter inutilement l'agitation des esprits. Ni obstination séditieuse, ni retraite! Voilà donc tout ce que j'ai fait : une souscription ouverte le 8, fermée virtuellement sept jours après le 14, pour le 17, définitivement close le 17 à l'heure fixe, clairement définie dans son caractère, circonscrite dans sa durée, ne se rattachant à rien qu'au mouvement légitime d'opinion qu'a provoqué, lorsque tout le monde a pu en connaître les détails, la belle mort du représentant Baudin. Quelle conduite peut être plus simple? Quelle conduite est plus à jour, plus exempte de machinations ténébreuses? M. l'avocat général vous a répété plusieurs fois dans le cours de son réquisitoire : « Il ne faut pas scinder arbitrairement les faits. » Sans doute! mais il doit être encore moins licite, il est encore plus dangereux de les réunir arbitrairement. Ne faites point de ces annexions arbitraires, messieurs, la défense ne vous en demande pas davantage.

Mais alors, c'est l'acquittement du *Journal de Paris*. (*Mouvement dans l'auditoire.*)

C'est l'acquittement du *Journal de Paris*, si la souscription, innocente en elle-même, ne peut devenir coupable que par un ensemble de faits délictueux qui se relieraient à elle, et auxquels je crois avoir prouvé que le *Journal de Paris* est complétement étranger. Par malheur, il me vient un scrupule. J'ai écouté très attentivement, hier, M. l'avocat impérial, et je ne suis point sûr, quoique Me Durieu paraisse croire le contraire, que la théorie du ministère public, innocente et absolve, même en principe, la souscription Baudin, isolée de tout mélange criminel. Tout est clair dans le réquisitoire d'hier, excepté ce point. M. l'avocat impérial a fort bien expliqué d'une part toutes les circonstances en vertu desquelles il croit pouvoir requérir contre mes confrères ou contre moi l'application de l'article 2. Il a fort bien expliqué d'autre part que les souscriptions publiques sont licites, même les souscriptions pour un tombeau, même pour le tombeau d'un adversaire de l'empire en thèse générale. Mais la souscription Baudin, cette souscription, spécialement, est-elle licite? Voilà ce que je ne vois pas. Voilà ce qui est resté savamment obscur dans le réquisitoire, d'ailleurs si net de M. l'avocat impérial. Ce doute, ce doute terrible, ce doute de grande conséquence ne me permet pas d'arrêter encore ici ma défense, pourtant déjà trop longue, je le crains, malgré la patience du tribunal. (*Mouvement dans l'auditoire.*)

Si c'est la souscription Baudin que le ministère public juge délictueuse en elle-même, par elle-même et pour elle-même, si la souscription Baudin, dégagée de toutes autres ciconstances, — et je crois avoir montré que c'est ainsi qu'elle se présente dans le *Journal de Paris*, — constitue à elle toute seule le délit et si l'on prétend l'interdire uniquement parce qu'elle est la souscription Baudin; si ce fait si simple, matérialiser par un monument tumulaire le sentiment de l'admiration, peut devenir criminel, ah! messieurs, ce procès prend soudain des proportions bien graves et bien hautes! Une note insérée dans mon dossier et sur laquelle je m'expliquerais si le tribunal le jugeait opportun..... (*M. le président fait ici un geste de dénégation.*) Je laisse de côté cette pièce anonyme, puisque je vois le tribunal disposé à en faire le cas qu'elle mérite. Enfin cette Note, parmi beaucoup d'assertions moins exactes, rappelle que j'ai eu l'honneur d'enseigner longtemps l'histoire dans l'Université. Permettez-moi donc, monsieur, permettez à un professeur d'histoire d'emprunter un souvenir à ces belles études dans lesquelles sa jeunesse s'est écoulée paisible, et où il eût souhaité passer sa vie tout entière. Dans les conditions où parait se poser le procès de manœuvres à l'égard du *Journal de Paris*, je ne connais qu'un procès qui soit analogue à celui-là. Il s'est plaidé il y a dix-huit siècles. Les contemporains l'ont jugé eux-mêmes sans exemple et sans précédent, et je ne puis pas dire que l'histoire en ait gardé un glorieux souvenir. C'était à Rome, pendant la vieillesse de Tibère. Cremutius Cordus, sénateur, dans un de ces livrets qu'on se passait à Rome de main en main et qui étaient comme les journaux et les brochures de ce temps-là, avait appelé Brutus et Cassius. les derniers des Romains. Il fut pour ce fait accusé et traduit devant le Sénat en vertu de la loi de Majesté à peu près comme je suis accusé et traduit devant vous en vertu de la loi de sûreté générale. On lui disait comme on me le dit que son intention et son but avaient été de ranimer les souvenirs de la guerre civile et d'offenser personnellement le prince, d'exciter à la haine et au mépris du gouvernement. L'inculpation qui pesait sur lui était donc semblable à celle qui pèse sur moi. Sa défense fut aussi simple que le pourrait être la mienne.

Eh! quoi donc! s'écria-t-il, en est-on venu maintenant à poursuivre les intentions et à incriminer les sentiments de l'âme? Modeste pour son pays après tant de révolutions qui l'avaient troublé, il déclara qu'il n'avait pas l'ambition d'obtenir pour Rome la liberté licencieuse dont avaient joui autrefois les républiques grecques, — nous dirions aujourd'hui, messieurs, la liberté licencieuse des Américains, des Anglais, des Suisses, des Allemands, des Belges, des Italiens, des Espagnols, de presque tout le monde enfin, excepté les Français. Il était prêt de se contenter de la liberté des opinions historiques et des sentiments moraux, de la liberté de l'âme et des plus nobles élans de l'âme, qui n'avait pas encore été atteinte ni menacée à Rome, même sous l'empire de la loi de Majesté. Il rappela que César avait élevé ou laissé debout dans le Sénat la statue de Pompée. Il rappela que Tite-Live, ami d'Auguste, avait exprimé si librement dans son histoire son admiration et même sa partialité pour tous les adversaires de César et du triumvirat qu'Auguste, sans cesser d'être son ami, l'appelait en riant l'un des plus acharnés parmi les Pompéiens. Il rappela que jamais, sous Auguste, les écrivains politiques et les historiens, non-seulement Tite-Live, mais encore Asinius Pollion et Messala Corvinus n'avaient qualifié Scipion, Afranius, Cassius et Brutus du nom de parricides et de brigands — noms qu'on leur donne aujourd'hui. Il rappela, il pouvait rappeler qu'Auguste lui-même, dans une occasion que tout Rome connaissait, s'était plu à proclamer que le plus honnête homme de l'ancienne république avait été Cicéron, livré par Octave au fer des soldats. Et il ajouta que César et Auguste n'avaient pas agi ainsi seulement par générosité, mais encore par une politique profonde dont ils n'étaient pas incapables. Car il y a des offenses qui s'émoussent quand on n'en tient pas compte et qu'on semble s'appliquer à soi-même quand on s'en irrite. Puis, concluant, il dit : ici, messieurs, je n'ai plus, en plaidant pour moi, qu'à citer textuellement ses paroles, conservées par Tacite : « De tout temps, en tout pays, il a toujours été permis de parler librement de ceux que la mort a soustraits à nos affections et à nos haines. Dira-t-on... Voici, messieurs, le délit de tendance à troubler la paix publique tel que me l'attribue M. l'avocat impérial. — Dira-t-on qu'en faisant l'éloge de Brutus et de Cassius, j'appelle le peuple à se réunir autour d'eux en armes dans les plaines de Philippes? Ou bien ne faut-il pas reconnaître tout simplement que je n'ai rien fait autre chose que de rendre hommage à deux morts illustres dont le vainqueur lui-même n'a pas détruit les images. »

« La postérité — c'est la première fois, messieurs, depuis une heure que vous avez la patience de m'écouter, que ce mot de postérité vient sur mes lèvres; ce mot est bien grand; eh bien! tout grand qu'il soit, je ne le trouve pas plus grand que ce procès dans la circonstance où il se produit et avec le caractère qu'il prend, permettez-moi donc de ne pas reculer devant lui et de ne pas arrêter ici ma citation — la postérité fait à chacun sa part. Si je suis condamné, il ne manquera pas de gens pour se souvenir, non-seulement de Brutus et de Cassius, mais aussi de moi. » Ne craignez pourtant de moi, messieurs, aucune exagération. Je connais, je sais reconnaître la différence des lieux et des temps. Je ne fais pas l'injure à la France de 1868, ou plutôt, à la France sans épithète, de croire qu'elle soit ni qu'elle devienne jamais la Rome des Césars; nous ne vivons pas sous le règne de Tibère; M. l'avocat impérial n'est pas un affidé de Séjan, et je ne suis pas moi-même, hélas, un Cremutius Cordus. Je n'ai ni cette âme de héros, ni cette éloquence romaine dont il me semble que les accents affaiblis en passant par ma bouche émeuvent encore autour de moi tous ceux qui m'écoutent. Mais enfin, toute proportion gardée entre les hommes et les choses, toute différence faite des temps et des mœurs, la loi de sûreté générale, si vous lui donnez l'extension que réclame de vous le ministère public, va devenir la Loi de Majesté de la France impériale. Le procès qui m'est fait, toute proportion gardée encore, entre le suicide glorieux que s'infligea Cremutius Cordus pour échapper aux accusations de Séjan et la peine infiniment plus douce que pourra m'infliger ce tribunal (*Rires dans l'auditoire*), c'est le procès de Cremutius Cordus. Avec une différence, toutefois. C'est que Brutus et Cassius ont frappé et que Baudin a été frappé. (*Mouvement dans l'auditoire*). Il y aura toujours dispute entre les hommes sur la légitimité de l'acte de Brutus et de Cassius; on l'a tour à tour absous, glorifié et condamné, et, pour moi, je pense qu'il doit y avoir condamnation. La dispute n'est pas possible sur l'acte du représentant Baudin qui, le jour où la Constitution de 1848, « confiée à la garde et au patriotisme de tous les Français » fut déchirée par l'un d'eux, se présenta devant les soldats, la Constitution à la main, reçut leurs balles et tomba. (*Nouveau mouvement dans l'auditoire.*)

La postérité, qui fait à chacun sa part, lui a dès à présent fait la sienne. Elle admire. Et moi j'ai fait comme fera la postérité. J'ai admiré une action admirable : voilà mon crime. Si c'en est un, punissez-le. Mais je vous conjure respectueusement, messieurs, d'y bien réfléchir. Si vous me déclarez coupable, si vous me frappez, fût-ce d'une peine légère, si vous étendez à ce point par votre sentence la portée de la loi de sûreté générale, vous proclamerez par cela même que nous vivons sous une loi et dans un temps si malheureux....

M. LE PRÉSIDENT. — Voyons, monsieur Weiss. Le tribunal vous a laissé parler. Cependant...

M. WEISS. — Mais, monsieur le président...

M. LE PRÉSIDENT. — Vous avez réclamé la liberté des sentiments moraux. Vous avez exprimé aussi librement qu'il vous a plu votre admiration pour le représentant Baudin. Votre défense...

M. WEISS. — Je vous demande pardon, monsieur le président. Mais...

M. LE PRÉSIDENT. — Il me semble, vous devez convenir vous-même que votre défense est complète. N'insistez pas davantage.

M. WEISS. — Eh bien ! monsieur le président, je n'ai plus qu'un mot à dire. Honorer les belles actions, est-ce donc conspirer contre la sûreté de l'Etat? Garder le culte de ceux qui sont bien morts, est-ce exciter à la haine et au mépris de ceux qui vivent ?

M. le président déclare la séance suspendue. Le tribunal se retire pour délibérer.

Pendant la dernière partie de la plaidoirie de M. Weiss, l'émotion a été sensible dans l'auditoire. Lorsqu'il a cessé de parler, Me Dufaure, Me Arago et Me Durier, assis au banc de la défense, lui présentent des félicitations chaleureuses. M. Pelletan, tous les prévenus et plusieurs avocats en robe viennent le complimenter.

Le tribunal rentre après un délibéré de trois heures, et il prononce le jugement qui condamne le *Journal de Paris* à 1,000 francs d'amende.

Paris. — Imp. Émile Voitelain et Ce, rue J.-J.-Rousseau, 61.

www.ingramcontent.com/pod-product-compliance
Ingram Content Group UK Ltd.
Pitfield, Milton Keynes, MK11 3LW, UK
UKHW020426220726
13923UKWH00005B/2125

9 782016 204016